Desdobramentos mediúnicos e outros fenômenos psíquicos

Dante Labbate

Desdobramentos mediúnicos e outros fenômenos psíquicos

Editora Espírita
FONTE VIVA
Livros que fazem iluminar

CIP-Brasil. Catalogação na Fonte
Sindicato Nacional dos Editores de Livros, RJ

L12d

Labbate, Dante, 1928-2007
Desdobramentos mediúnicos e outros fenômenos psíquicos / Dante Labbate - Belo Horizonte - MG : Fonte Viva, 2008
168p.

ISBN: 978-85-7428-058-5

1. Mediunidade. 2. Espiritismo. I. Título

08-3233. CDD:133.93
CDU: 133.7

Índice para catálogo sistemático:
1. Desdobramentos mediúnicos e outros fenômenos psíquicos

Título Original:
Desdobramentos mediúnicos e outros fenômenos psíquicos

Revisão:
Julia Marinho

Capa e editoração:
Luciano Rocha Barbosa

Projeto gráfico e diagramação:
Tatiana Yamada / Casa de Idéias

Organização:
Fernando Hungria

1ª edição: setembro 2008

Rua Dona Euzébia, 100 Bairro Providência
Telefone (31) 433-0400 CEP 31814-180
Belo Horizonte - MG - Brasil
fonteviva@fonteviva.com.br
http://www.fonteviva.com.br

A renda líquida da vendagem deste livro é destinada às obras assistenciais da Casa Maria de Magdala, em Niterói, RJ

Impresso no Brasil
Presita en Brazilo

EDITORA ESPÍRITA FONTE VIVA

Sumário

INTRODUÇÃO

As narrativas aqui descritas se reportam aos casos de sonambulismo por mim experimentados durante quase duas décadas, ao projetar-me fora do corpo físico.

Conforme intuições que recebia do mentor espiritual, esses desdobramentos destinavam-se a cooperar, embora minhas naturais limitações, com os trabalhos de amor em zonas umbralinas. Lá, pude também testemunhar cenas estarrecedoras, cujas lembranças foram bloqueadas, em caridosa iniciativa, pelos espíritos que me conduziam àquelas paragens.

Além de algumas experiências por mim vividas, relato outros fenômenos psíquicos comigo sucedidos, com meu pai e com terceiros, por considerá-los importantes registros.

Como subsídio para melhor compreensão do fenômeno de saída do corpo – um dos temas desta publicação – reproduzo a pergunta 425 de Kardec em *O livro dos espíritos*:

"O sonambulismo natural tem alguma relação com os sonhos? Como explicá-lo?"

A resposta:

"É um estado de independência do espírito, mais completo do que no sonho, estado em que maior amplitude adquire suas faculdades. A alma tem então percepções de que não dispõe no sonho, que é um estado de sonambulismo imperfeito. No sonambulismo, o espírito está na posse plena de si mesmo. Os órgãos materiais, achando-se de certa forma em estado de catalepsia, deixam de receber as impressões exteriores."

No texto de número 455, Parte 2ª, capítulo VIII, da mesma obra, Kardec assevera:

"Para o espiritismo, o sonambulismo é mais do que um fenômeno psicológico; é uma luz projetada sobre a psicologia. É aí que se pode estudar a alma, porque é onde esta se mostra a descoberto."

Ainda no 12º parágrafo do mesmo texto:

"Pelos fenômenos do sonambulismo, quer natural, quer magnético, a Providência nos dá a prova irrecusável da existência e da independência da alma, e nos faz assistir ao sublime espetáculo da sua emancipação. Abre-nos, dessa maneira, o livro do nosso destino."

A literatura espírita pertinente é ampla e elucidativa, por isso, será casualmente citada por se tratar de um livro de exposição de fatos.

Por fim, esta pequena obra se destina, em especial, a contribuir com irmãos que sofrem de enfermidade ainda incurável – os soropositivos para o HIV/AIDS. Com esse propósito, a renda líquida da comercialização será destinada às atividades assistenciais da Casa Maria de Magdala, sediada em Niterói, Estado do Rio de Janeiro, benção de Deus manifestada pelos corações de devotados companheiros no trabalho de amor e de amparo a adultos e crianças.

Paz com Jesus!

O autor.

Prefácio

Denomina-se desdobramento espiritual o processo espontâneo ou induzido, em que o espírito encarnado se afasta temporariamente do corpo. No processo espontâneo, a alma se desliga durante o sono ordinário e permanece geralmente a curta distância; no induzido, é capaz de deslocar-se a grandes extensões tanto no plano físico como no da espiritualidade. Em conseqüência, o fenômeno vem ratificar a realidade da sobrevivência do espírito e a sua autonomia em relação ao corpo.

Na tarefa espírita o desdobramento objetiva a realização de atividade nobre, instrutiva, a observação da vida no Além.

Os fenômenos psíquicos são os anímicos e os mediúnicos. Nos anímicos – telepatia, clarividência, regressão de memória, leitura do pensamento e outros –, o agente produtor é o espírito encarnado, em estado de transe; nos mediúnicos, as manifestações são provocadas pelos espíritos, utilizando as energias psíquicas do médium. Aglutinadas ambas as faculdades desencadeiam os fenômenos medianímicos, amplamente tratados pela ciência do espírito.

Tais fatos são próprios da natureza humana e seus efeitos bastante noticiados desde o advento do homem. A História é rica de episódios no gênero.

A lamentar, no entanto, que a divulgação de fenômenos psíquicos, ocorridos apenas com um solitário e anônimo médium, não repercuta com igual relevância e amplitude como as publicações de consagrados pesquisadores. Isso porque o sensitivo raramente os revela, quando muito, se limita a breve comentário no ambiente familiar. Em conseqüência, ficam relegados importantes inventários da natureza transcendental da ação dos espíritos sobre o homem. Ademais, a difusão seletiva desses fenômenos contribui para a mudança do pensamento materialista.

O autor Dante Labbate envolvido há muitos anos com o estudo do desdobramento espiritual e da materialização dos seres invisíveis prefere não manter herméticas as realidades dos fenômenos psíquicos – desde que instrutivos e relevantes – a iluminarem apenas um indivíduo. Defende, por isso, a necessidade de divulgá-los, criteriosamente, com o objetivo de contribuir para a sua discussão e o incremento da literatura conexa.

Este livro reflete a sua proposta. É uma coletânea de narrativas de vivências pessoais no campo de efeitos físicos, emancipação do espírito, viagem ao passado, ideoplastia, zoantropia, transcomunicação instrumental, obsessão, magnetismo espiritual e outras manifestações da fenomenologia espírita. Expõe, também, por importante, fatos irrefutáveis oriundos de fontes idôneas.

Publicação despretensiosa, bastante informativa, a exemplo de *Materializações luminosas – Forças cósmicas em ação* (Ed. Fonte Viva, 2002), do mesmo autor, apresenta texto e estrutura expositiva simples e concisa, em ordem direta, de fácil leitura, sem tecnicismos. Nada pretende provar sequer convencer, apenas registrar fatos sob a óptica da doutrina dos espíritos, para a consideração do leitor.

A obra é endereçada também àqueles que se aturdem, por desinformados, quando se vêem fora do corpo físico, projetados na dimensão espiritual.

Yeda Hungria
Niterói, RJ, setembro de 2007.

IN MEMORIAM

No ensejo da finalização deste livro, quis o Pastor das Almas que o autor regressasse ao Seu rebanho, após quase oitenta anos em regime de aperfeiçoamento na carne.

Presença marcante no movimento espírita, Dante se destacou como estudioso dos fenômenos psíquicos e aplicado cultor da literatura da Terceira Revelação. Ainda, e em especial, dado o esforço e a perseverança na implantação e orientação de núcleos espiritistas nos Estados Unidos, gravou merecidamente o seu nome na galeria dos consagrados obreiros do Consolador Prometido.

O ASSASSINATO

Com esse fato, desabrochou-me a sensibilidade mediúnica na juventude. Isso não constitui algo surpreendente, como atesta o registro da Sociedade de Pesquisas Psíquicas de Londres, extraído da *Revista Planeta*, nº 137, assinado por Elsie Dubugras: "A eclosão da mediunidade pode ocorrer em diversas épocas, como na puberdade, na adolescência e na maturidade. Tal sensitividade pode surgir com um acidente chocante."

Foi o que me aconteceu, aos 20 anos de idade.

Corria o ano de 1948. No fim do dia, recolhido ao leito, orei, como de hábito. Surpreso, vi-me de repente fora do corpo, isto é, em espírito, atônito com o acontecimento inédito. Encontrava-me no cruzamento das ruas Rio de Janeiro com Guaicurus, à época local mal afamado de Belo Horizonte, cidade onde residia, quando deparei com quatro rapazes envolvidos em acalorada discussão. Em seguida, dois deles passam a agressões físicas. No calor do embate, um dos contendores recebe violento golpe de punhal no peito e tomba encurvado ao chão. Ouvi, nitidamente, seus últimos lamentos: "Lauro! Lauro!"

Assustado, retornei rapidamente ao corpo. Despertei trêmulo, bastante perturbado com o episódio. Não mais consegui conciliar o sono.

Pela manhã, no colégio, não esquecia da terrível cena. Presente na memória, prejudicava até mesmo a atenção às aulas. O professor de matemática, ao demonstrar no quadro um teorema de trigonometria espacial, percebeu o meu alheamento e inquiriu:

– Dante, a sua atenção está no espaço?

De volta à casa, a cidade comentava o crime que testemunhei fora do corpo.

Narrei o acontecimento a alguns companheiros de doutrina espírita, que informaram ser um fenômeno de desdobramento mediúnico. Diante disso, concluí pela necessidade de aprofundar-me no estudo das obras de Allan Kardec e subsidiárias.

A partir daquela experiência, raras eram as noites em que esses fenômenos não sucediam. Habitualmente, um espírito me conduzia ao umbral[1] para exercitar a cooperação com os mais necessitados do que eu. Lá encontrava outros encarnados em desdobramento com idêntica atribuição.

Ao término dessas excursões muitas vezes resultava exausto, mas os benevolentes amigos espirituais me recompunham as energias.

Aprendi, assim, a importância da preparação para o sono através da prece, a fim de merecermos a assistência dos seres de luz.

---

1 *Zona do mundo espiritual*

Invigilância

Esta narrativa enfatiza a importância da manutenção do equilíbrio emocional e espiritual, para não nos tornarmos presas dos irmãos na erraticidade ou nos firam os espinhos da negligência.

Na sede provisória do Grupo da Fraternidade Irmã Scheilla, na Praça do Cruzeiro 27, em Belo Horizonte, cabia-me, durante as reuniões, encaminhar os enfermos ao tratamento espiritual ali realizado.

Certa vez, por descuido, envolvera-me em um acontecimento bastante desagradável e as emoções se me desorganizaram sensivelmente.

À noite, o desprendimento iniciou antes da prece habitual. Flutuava a pouco mais de meio metro acima do corpo, consciente da produção do fenômeno. Em seguida, apresentou-se um espírito do astral inferior, forma animalesca, feições de tigre, olhos enormes. Avançou rapidamente sobre mim e cravou as garras em meu pescoço. O instinto de defesa prevaleceu e refugiei-me no corpo.

A imagem da triste ocorrência produziu mal estar, porém logo me tranqüilizei ao receber intuitivamente as palavras dos amigos do Além: "Tenha calma, vamos proceder a limpeza psíquica do ambiente. A entidade que o atacou estava por demais impregnada de energias negativas."

O despreparo permitiu a aproximação daquele ente sofredor, pois me faltou a vigilância pregada por Jesus a Pedro: "Orai e vigiai..."

Perturbado pelos efeitos negativos da experiência, decidi recorrer à meditação para restabelecer a sintonia com os planos superiores.

Dias depois, fortalecido espiritualmente, participei de uma reunião de ectoplasmia destinada a tratamento de saúde. Enquanto os espíritos Joseph Gleber, Scheilla e Fritz se revezavam nas aplicações radioativas nos enfermos, José Grosso distribuía sábias palavras, em meio aos habituais gracejos.

Uma das entidades a mim se dirigiu reservadamente:

– Meu amigo, devemos estar sempre atentos às nossas ações e pensamentos, para não nos magoarmos onde pisamos. Sua atitude, nesses últimos dias, empenhada em superar os dissabores provados, foi louvável. Ao buscar a meditação desintoxicou a alma e vestiu a túnica da sensatez. Hoje, em desdobramento, receberá novos conhecimentos para exercitá-los.

Finda a reunião, permaneci no local em companhia de dois companheiros, porquanto o Grupo Scheilla mantinha albergados alguns enfermos sob nossos cuidados. Dirigimo-nos aos aposentos, prontos a atendê-los em suas necessidades.

Durante o repouso, senti o prenúncio de saída do corpo. Projetei-me no ambiente espiritual e encontrei uma entidade que me convidou a acompanhá-la em longo corredor de hospital. As emissões magnéticas do instrutor esclareceram-me:

– Esta dependência situa-se aqui no Grupo Scheilla. É uma extensão criada pela condensação da energia emitida pelas vibrações de amor dos freqüentadores encarnados e desencarnados desta casa. Visitaremos agora alguém que dorme sono profundo de recuperação. Observe-o com atenção e projete-lhe sentimentos de paz.

Alcançamos uma enfermaria iluminada por suave luz azul e aproximei-me do paciente.

– Meu Deus, é ele! – surpreendi-me.

Sim – confirmou o benfeitor.

Era o espírito mencionado no capítulo anterior que me atacara, embuçado de animal.

O instrutor indicou a saída e esclareceu:

– Ele foi atraído por suas reações inferiores no episódio em que se envolveu. Valendo-se de suas defesas abertas, espreitava-o à espera de oportunidade para subjugá-lo, porém, os sensores do Grupo Scheilla acusaram a intenção, e os escudos magnéticos prontamente imobilizaram-no. Recolhido a este ambiente, o seu perispírito deixará aos poucos a matriz animal e, renovado, recobrará a consciência e a busca do progresso.

Esse fenômeno, denominado zoantropia – a metamorfose do perispírito em forma animal –, também será abordado no capítulo "Um Caso Invulgar"(Pág. 41).

Restou-me a lição da necessidade de vigilância dos pensamentos e ações em conformidade com os postulados cristãos, para que o pedido de socorro alcance os planos etéreos.

No Umbral

A referência ao vocábulo umbral pode ensejar receio. Se, entretanto, o espírito encarnado conquistar valores e virtudes, a ambientação após a extinção física será pacífica, sem atribulações. Isso porque a faixa vibratória não se identificará com a das forças desajustadas daquele território sombrio, onde gravitam espíritos que exorbitaram da vida terrena.

A narrativa a seguir reproduz um fato ocorrido na zona umbralina, onde seres aptos a receber os anjos do amor como pastor divinos vivem a expectativa do retorno em nova experiência na carne.

Entidades amigas me conduziram a uma região plácida, onde acontecia grande assembléia. Pleno de sentimentos sublimes, atraiu-me a atenção a aproximação de uma estrela luminosa, a flutuar como pluma, até pousar na relva. O brilho arrefeceu e dela surgiu uma figura translúcida. Sua voz é ouvida com atenção:

– Amados, a paz do Divino Amigo conosco! “Bem-aventurados os mansos, porque herdarão a Terra (...)”; “Bem-aventurados os que choram, porque serão consolados (...)”; “Eu estou no Pai e o Pai está em Mim (...)”. Amigos, os tempos são chegados, e a cada um será dado conforme o merecimento, tal a proposta do Mestre. Permitam, assim, que a chama da boa vontade aqueça seus corações e dignifique o trabalho de amor a oferecer àqueles que se desviaram do aprisco do Senhor. Que a paz os envolva e prossigam como bons tarefeiros no vale das sombras.

Cessada a exortação, o benfeitor se transfigura novamente em luz e ascende ao infinito.

Os semblantes transmitem emoção incontida.

Outra entidade se manifesta. Longa e alva barba, olhar agudo, a exibir autoridade, refere-se:

– Filhos de Deus, convido-os à missão sublime que os aguarda. Penetraremos agora em uma faixa vibratória de angústia, de revolta, habitada por irmãos imantados ao erro, à matéria. Aqui, somos todos simples obreiros, conscientes da importância da tarefa a cumprir. De vocês, cooperadores a nós trazidos, esperamos dedicação, altruísmo e doação de fluidos.

Companheiros em desdobramento como eu se aprestam para atingir a zona de sofrimento com o intuito de recolher aqueles que desejarem se libertar dos desvios.

Em levitação, entramos em queda brusca por longo e nebuloso desfiladeiro. As vibrações se tornam cada vez mais densas. Fortes odores de bolor e elementos cáusticos dificultam a respiração, mas prossigo confiante.

Transportado a grande pavilhão, destinado a irmãos em infortúnio, dirigi-lhes expressões de ânimo e conforto. Enquanto falava, um após outro deixava o recinto até poucos restarem. Conclui a mensagem e desejei-lhes a paz de Jesus.

Frustrado com o desinteresse ouvi do mentor espiritual:

– Não se preocupe, isso acontece também conosco. Mantenha-se em harmonia, outras oportunidades virão. Aguarde.

Despertei impregnado de boas lembranças e concluí que, embora a pretensão seja ajudar a todos, se pudermos ser úteis a alguém devemos nos dar por realizados.

Uma encarnação

A mediunidade se expressa por diversas modalidades durante o processo regenerativo do espírito. No exercício mediúnico-educativo, iniciava-me na prática de desdobramento espiritual.

Certa vez, viajei ao passado distante no Nordeste do Brasil. Vi-me criança, caminhando por uma estrada de terra em direção à minha casa. Lá, encontrei meu pai naquela existência, debruçado em uma das janelas. Indaguei por mamãe e ele indicou a cozinha, onde a vi chorando. Comovido, envolvi ternamente a mãezinha nos braços e notei que era cega.

Decorridas algumas semanas estive em Belo Horizonte com o médium Chico Xavier, de quem era amigo. Depois de breve diálogo, abraçou-me carinhosamente e disse:

– Dante, tenho algo a revelar. É sobre a sua encarnação passada...

Não consegui controlar a emoção e a curiosidade.

Categórico, sem rodeios, informou:

– Meu amigo, você foi filho de José Grosso[1].

O espírito em questão retornara à carne, no Nordeste, onde vivera do-

1 *Entidade espiritual participante de reuniões de ectoplasmia, com fins terapêuticos.*

lorosa experiência. Arregimentado ao bando de Virgulino Ferreira da Silva, o notório cangaceiro Lampião, teve os olhos extirpados a faca e, abandonado na caatinga, veio a morrer[2]. Hoje, está a serviço do plano superior.

Ainda emocionado pelo impacto da revelação, participei de reunião no Grupo da Fraternidade Irmã Scheilla, em Belo Horizonte. José Grosso se apresentou materializado e indaguei-lhe:

– Há dias eu tive um "sonho" e...

O amigo espiritual não me deixou concluir:

– Eu sei. Foi isso mesmo – e encerrou o breve diálogo.

Sabedor do episódio, César Burnier, conhecido pesquisador da fenomenologia espírita, perguntou ao espírito se fora um caso de ideoplastia[3].

– Não – e novamente terminou o assunto.

Concluí ter ocorrido a exteriorização de lembrança arquivada nos porões do subconsciente.

---

2 *Veja capítulo 10 do livro* Materializações luminosas – Leis cósmicas em ação, *deste autor. (Ed. Espírita Fonte Viva, 2002).*

3 *Criação mental, modelagem da matéria fluídica pelo pensamento.*

A VISITA

Por diversas vezes, fora do corpo, deslocava-me a hospitais e residências com o propósito de servir e de instruir-me, sempre sob a supervisão de um mentor espiritual.

Numa dessas excursões, dirigi-me a um prédio com vários pavimentos. Comecei a me elevar pela fachada principal e me detive em uma das janelas. No interior do amplo dormitório, um rapaz repousa sob alvos lençóis. Para minha surpresa, insinua perceber-me e sorri amistosamente.

O mentor esclarece:

– É um médium vidente, dedicado trabalhador na lavoura divina. Consagra intensa atividade ao bem e necessita da nossa solidariedade.

O espírito dera a entender que a visita àquele companheiro destinara-se à doação de energias de ente encarnado, com a finalidade de contribuir para o restabelecimento de órgão comprometido.

O mentor sempre me incentivava a estudar a nossa abençoada doutrina e a observar os acontecimentos durante as viagens em desdobramento.

Despertei reconhecido pela instrução.

Enlevado com a experiência, adormeci e novamente desdobrei-me. Companheiros espirituais me conduziram a uma estância terrena circundada por grande muralha. O mentor me convidou à travessia e, pelo poder do pensamento, transpus o obstáculo como num passe de mágica.

Sob árvores frondosas, pessoas repousam em bancos, outras caminham lentamente, com algum esforço, expondo limitações físicas e deformações de rostos, mãos e pés.

O instrutor esclarece:

– Estamos em visita a uma colônia destinada a portadores do mal de Hansen – a lepra. Em outra existência você fora enfermo voluntário dessa experiência regenerativa, desejoso de remir abusos que lhe torturavam a alma.

Adiante, alcançamos um pavilhão destinado aos irmãos que perderam os membros inferiores em decorrência da enfermidade. Desperta-me a atenção alguém cercado de visitantes encarnados. O guia atende a minha curiosidade:

– Aquele é Jésus Gonçalves, amigo de Chico Xavier, embora se conheçam apenas por cartas. O paciente vive sua terceira existência sob esse mesmo mal, entretanto, já conquistou a libertação. É um missionário do amor para aqueles aqui em resgate, a caminho do progresso.

Finda a instrução retornei ao corpo.

Passado algum tempo, Jésus desencarna. Chico me dissera que durante uma das práticas de receituário no Centro Espírita Luiz Gonzaga, em Pedro Leopoldo, o ambiente se iluminara intensamente. Em seguida, uma figura caminha suavemente em sua direção. Humilde, diz:

- Chico, não pudemos nos encontrar quando eu estava na carne abençoada, mas aqui estou em espírito!

Emocionado, o médium amoroso observou que intensos focos de luz irradiavam dos membros inferiores de Jésus, onde a hanseníase lhe marcara mais severamente.

Desdobramento consciente

Aos 23 anos, casado, eu residia na Fazenda Eureka, no município de Itanhomi, Minas Gerais, de propriedade de meu pai, o americano Jerry Labbate.

Jerry era correspondente de importante revista de Nova York. Em viagens pelo interior do país produzia reportagens com fotos de cidades históricas e da natureza, especialidades da publicação. Dominara a língua portuguesa, construíra expressivo círculo de amigos e fascinara-se pelo Brasil. Era um estudioso das obras de Kardec.

O ideal do missionário lionês, notável repositório de ensinamentos, era o ápice dos propósitos de minha vida. Cada vez mais me aprofundava no seu exame, absorvia o conteúdo e os conhecimentos doutrinários de meu pai. Vezes sem conta comentávamos aqueles ensinos.

Nesse ambiente de harmonização espiritual ocorrera-me experimentar uma possível variação do desdobramento mediúnico. Porque possuísse condições orgânica e psíquica julgadas satisfatórias pelos mentores, fui intuído a produzir espontaneamente a saída do corpo físico, ao contrário do que ocorria.

Deitei-me e relaxei, confiante na ação da espiritualidade amiga. Pouco depois, recebi forte influxo na região da nuca, igual descarga magnética, que me paralisou por completo. Busquei reagir, a intervenção cessou.

No dia seguinte, coloquei-me à disposição dos acontecimentos. Novamente, o mesmo prenúncio. Tentei erguer-me, mas sem sucesso. Em seguida, um dos braços perispirituais se afastou do corpo físico e sobre a cama restou o correspondente material. Sob ação magnética, todas as células vibravam intensamente, e assim iniciei o desdobramento, movido exclusivamente por vontade própria.

O processo alternava momentos agradáveis e desconfortáveis, mas era intuído de que a prática se desenvolvia conforme a expectativa dos instrutores espirituais.

Desdobrado um dos braços, consegui o mesmo com o outro. Animado pelo êxito experimentei o resto do corpo perispiritual mas a ele parecia imantado. As pernas e o quadril não conseguiam se projetar. Aos poucos cessou a força de atração.

O mentor decidiu encerrar o exercício. Com a mesma dificuldade experimentada na tentativa de saída reassumi o corpo, mas em perfeito acoplamento.

No livro *Seara de luz*, de Divaldo Franco, organizado por Fernando Hungria, a pergunta na página 84 aborda a questão do desconforto por mim experimentado:

"Por que algumas pessoas, durante o desdobramento ou a vigília, têm tanta sensibilidade no plexo, quase dolorosa, como uma espécie de choque?"

Divaldo responde:

"Porque o plexo solar – para uns, o centro cardíaco; para outros, o digestivo – é para onde convergem as energias captadas do mundo exterior. Através do centro coronário, situado na glândula pineal, na base do cérebro, o indivíduo entra em contato com a vida transcendental e assimila a energia exteriorizada por intermédio dos outros centros de força – os chacras ou plexos."

Entendi que essas energias me atuaram no plexo solar.

A caixa de fósforos

Após a experiência anterior, predispus-me, na data e horário intuídos, à continuação do novo processo de treinamento.

Sem demora, os membros se imobilizaram, habituados à ação magnética. Parcialmente em desdobramento, sentei-me com pequeno esforço e tentei andar. Novamente os pés pareciam chumbados ao chão, uma força me fixava ao corpo.

Ao lado do leito, sobre um criado-mudo, divisei uma caixa de fósforos e pelo pensamento transferi-a para o lado oposto. Consciente e bastante curioso ansiava por ver a nova localização, após o término do experimento.

Concluída a prática, penetrei em toda a estrutura do vaso físico e cessaram os fluxos magnéticos. Desperto, o primeiro ímpeto foi de olhar para a caixa. Decepção, estava no mesmo lugar!

O mentor veio em auxílio:

– Você produziu apenas um fenômeno de ideoplastia...

Essas práticas mediúnicas eram orientadas por um amoroso e dedicado amigo espiritual, e o hábito dotara-me de maior responsabilidade perante os espíritos e a doutrina que abraçara.

A propósito, o capítulo VIII, item 128, de *O livro dos médiuns* indaga:

"4ª - Dar-se-á que a matéria inerte se desdobre? Ou que haja no mundo invisível uma matéria essencial, capaz de tomar a forma dos objetos que vemos? Numa palavra, terão estes um duplo etéreo no mundo invisível como os homens são nele representados pelos espíritos?"

Respondem os instrutores:

"Não é assim que as coisas se passam. Sobre os elementos materiais disseminados por todos os pontos do espaço, na vossa atmosfera, têm os espíritos um poder que estais longe de suspeitar. Podem, pois, eles concentrar à sua vontade esses elementos e dar-lhes a forma aparente que corresponda à dos objetos materiais".

Despertei. Na ante-sala meu pai lia como de costume. Aproximei-me e relatei o que acontecera durante o desdobramento. Enquanto depositava o livro sobre a mesa, comentou:

– A ideoplastia é uma habilidade que possuímos e ainda não nos demos conta...

– Uma comprovação do poder da mente – completei.

Voltei a dormir e novamente entrei em desdobramento. Vi-me diante da sede do Grupo da Fraternidade Joseph Gleber, fundado por Jerry, em nossa Fazenda Eureka. Alguém se aproxima, reconheço o médium Fábio Machado, também em desdobramento. Fábio fora transferido, a serviço, de Belo Horizonte para Itaiumi, e morava na fazenda. Reunia notáveis recursos medianímicos de ectoplasmia, efeitos físicos, desdobramento, vidência, incorporação, psicografia, e participava ativamente conosco dos trabalhos de materialização consagrados ao tratamento de saúde.

Enquanto conversávamos, surgiu um espírito do umbral inferior e se pôs a ameaçar-nos:

– Saiam daqui, senão vou atacar vocês!

Fábio avança destemido em direção à entidade e a desafia:

– O que vai fazer?

Mal conclui, o espírito lhe desfere violento golpe. Desequilibrado, consegue aprumar-se e se evade rapidamente, sob gargalhadas do agressor.

Considerei prudente não confrontar o agressor e reassumi o corpo – esconderijo seguro dos encarnados.

Manhã seguinte, Fábio me pergunta:

– O que você fazia ontem naquele lugar?

– Eu é que pergunto. Por que estava lá? – inquiri.

– Talvez porque pensara muito nas reuniões antes de dormir.

Meu pai, sem entender o estranho diálogo, pediu que o esclarecêssemos. O médium narrou o episódio e justificou-se:

– Julguei que ele não me pudesse atingir. Só depois do golpe recebido me dei conta de que, como espíritos, tínhamos a mesma densidade. Assim, éramos igualmente vulneráveis, só que ele me surpreendeu!

Rimos todos da situação.

A REVELAÇÃO

Dois anos se passaram.

Os trabalhos em desdobramento no plano espiritual me faziam sentir útil. Ainda não podia ver o mentor responsável pelas práticas, mas percebia-lhe a presença amorosa e registrava intuitivamente as instruções. A intenção de cooperar para o alívio de irmãos nas províncias das sombras, a despeito dos escassos recursos, revestia-me de confiança e de disposição.

Uma noite, bastante cansado, decidi não me dispor ao exercício mediúnico. Um espírito interveio com rigor:

– O que está fazendo? Quer renunciar ao trabalho?

As indagações procederam do meu instrutor Fritz Schein.

Compungido, aquiesci e projetei-me.

Alcançamos uma região envolvida em densa penumbra. Espíritos soluçavam em desespero, clamavam por ajuda, por lenitivo. A tarefa consistia em doação de amor e de energias a esses sofredores.

Outros colaboradores, também desdobrados, se faziam acompanhar de seus orientadores espirituais.

A atividade se prolongou o suficiente por exaurir outra vez o corpo físico. Acordei surpreso por desconhecer essa possibilidade e consultei *O livro dos espíritos*, pergunta 412 do sábio Kardec: "Pode a atividade do espírito, durante o repouso, ou o sono corporal, fatigar o corpo?" Dizem os instrutores: "Pode, pois que o espírito se acha ligado ao corpo qual balão cativo ao poste. Assim como as sacudiduras do balão abalam o poste, a atividade do espírito se transmite ao corpo e pode fatigá-lo."

Ainda, no final do sexto parágrafo do item 455, Kardec expõe: "(...) Essa separação parcial da alma e do corpo constitui um estado anormal, suscetível de duração mais ou menos longa, porém, não indefinida. Daí a fadiga que o corpo experimenta após certo tempo, mormente quando aquele se entrega a um trabalho ativo."

Igual a outras visitas, estivera diante de espíritos pervertidos, isolados por barreiras magnéticas, a exibirem cenas de sexualidade degradante, com a intenção de afrontar.

Noite seguinte, à espera dos sinais prenunciadores da emancipação da alma nada percebi, mas registrei a intuição:

– Em razão da boa vontade como servidor iniciante sugerimos, para o seu equilíbrio psíquico, a audição de músicas suaves, capazes de proporcionar sono tranqüilo e reparador.

Recordei o ensinamento de Chico Xavier de que os espíritos das sombras não toleram a música que fala à alma e abandonam o local.

Orei e adormeci, não sei por quanto tempo. No decurso, projetei-me outra vez e encontrei duas entidades espirituais que me aguardavam. Envolvido por sensação de bem-estar e de paz, voamos sobre campos cobertos de lírios matizados de branco e amarelo.

Ao atravessarmos essa dádiva da natureza, avistamos centenas de espíritos reunidos e nos acomodamos junto a eles. Eram companheiros devotados ao trabalho de edificação da paz em nosso planeta. A energia das vibrações reinantes soava como um hino de hosana ao Divino Mestre, e o céu estrelado nos saudava com a cintilação dos astros.

Ouve-se uma voz:

– Irmãos, vocês são testemunhas de que o Senhor da Vida não nos desampara. As procelas do passado não nos podem vencer nos mares da indecisão. Cada um de vocês, atrelados ao veículo da carne, conquistou ao longo das existências valores capazes de libertar-se e alçar vôo à morada do Supremo. A Humanidade cresce em sapiência, é tempo de repudiarmos os propósitos obscuros daqueles que operam no erro. Vocês, inteligências vivas do universo, espíritos esclarecidos e em ascendência, permitam que a luz da Consciência Superior os ilumine para o encontro da senda oferecida pelo Mestre dos mestres. Rogo a paz do Cristo para seus corações!

Concluída a mensagem, a entidade angélica se iluminou a ponto de fundir-se com a luz.

Emocionado, reassumi o corpo.

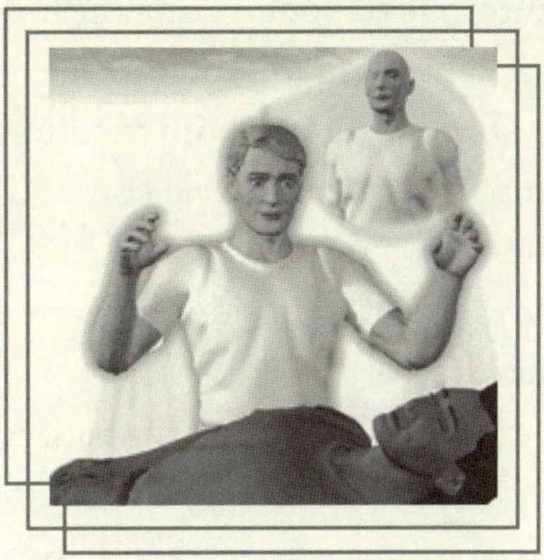

Obsessores

Iniciado o desdobramento, pairava acima do corpo quando uma voz, semelhante a de José Grosso, me chamava de fora do quarto. O timbre, no entanto, não me soava bem aos ouvidos psíquicos. Receoso, desisti da prática.

Ao despertar, descobri que a voz do benfeitor fora falseada com a intenção de preparar-me uma armadilha. Agradeci a Jesus e ao mentor por não me iludir.

Dias depois, em desdobramento, encontrei duas entidades. Uma delas gentilmente me apresentou a outra, de mão estendida. Ao tocá-la, recebi uma descarga, igual a choque elétrico, tão forte que me impactou totalmente. Mesmo atordoado, ouvi o diálogo:

– Você conseguiu?

– Não.

Voltei ao corpo tomado pela dolorosa sensação.

O mentor espiritual esclareceu que me preparava contra adversidades e ardis do astral inferior. Por isso, deveria prestar atenção à qualidade das vibrações dos espíritos e assim distinguir suas reais intenções.

Incentivado a me apurar nas práticas de desdobramento, encontrei em *O livro dos médiuns*, capítulo XX, "Da influência moral do médium", a pergunta de Kardec:

"9ª. Qual o médium que se poderia qualificar de perfeito?"

"Perfeito, ah! Bem sabes que a perfeição não existe na Terra, sem o que não estaríeis nela. Dize, portanto, bom médium e já é muito, por isso eles são raros. Médium perfeito seria aquele contra o qual os maus espíritos jamais ousassem uma tentativa de enganá-lo. O melhor é aquele que, simpatizando com os bons espíritos, tem sido o menos enganado."

Prossegue o codificador:

"10ª. Se ele só com os bons espíritos simpatiza, como permitem estes que seja enganado?"

"Os bons espíritos permitem, às vezes, que isso aconteça com os melhores médiuns, para lhes exercitar a ponderação e para lhes ensinar a discernir o verdadeiro do falso (...)."

Ao nosso Chico Xavier, certa vez perguntaram:

– Você já foi tentado por um espírito mistificador?

– Muitas vezes, meus queridos, porém, com Jesus no coração e Emmanuel a me amparar, fazia-me fortalecido e emitia amor, a couraça de Deus para nós. Lembro-me do que Emmanuel me disse: "Chico, se por acaso um dia eu disser a você para abandonar Kardec e seguir-me, você deve me deixar e seguir Kardec." Na verdade, Emmanuel me preparava para a eventualidade de algum ser espiritual se apresentar com a sua aparência com o propósito de confundir-me.

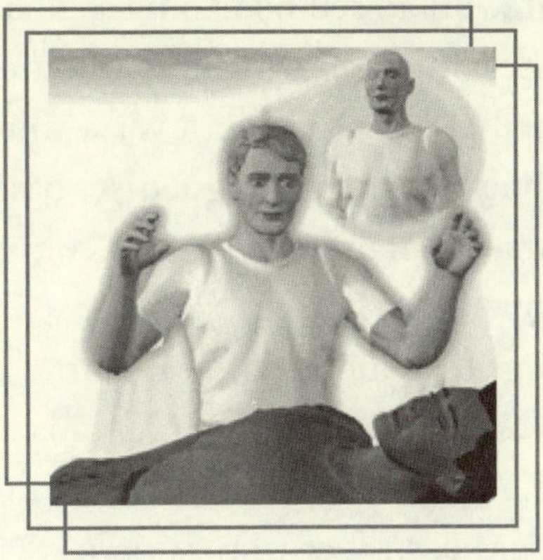

O OBSESSOR

Na década de 50, os trabalhos do Grupo Joseph Gleber, na Fazenda Eureka, realizavam-se com dedicação e amor aos necessitados dos dois planos existenciais.

Ao término de uma reunião, fui conduzido pelo mentor a um local de vibração incompatível com a minha.

Encontrei um espírito, vestido com terno marrom, e ao iniciar um diálogo deu-me as costas. Intrigado com a atitude apenas desejei um novo encontro.

No dia seguinte, surpreendi-o no mesmo local. Olhou-me fixamente e inquiriu agressivo:

– Você outra vez?

– Sim – respondi – gostaria de conversar.

Irritado, balbuciou algo confuso, e preferi encerrar a visita àquele mundo sombrio.

Semanas depois, recebemos na fazenda uma senhora e o filho Sebastião, 23 anos, com severo processo obsessivo. O rapaz viera de Belo Horizonte para se tratar, recomendado pelos mentores do Grupo Scheilla, vez que a nossa instituição situava-se longe de centros populosos, tumultuados por vibrações heterogêneas .

Conforme a orientação dos espíritos, o atendimento iniciara com passes magnéticos tranqüilizantes. Horas depois, no entanto, Sebastião procedia furioso.

Em desdobramento, fui ao seu quarto na sede da fazenda e encontrei-o afastado do corpo. Levantou-se bruscamente da cadeira e insinuou me agredir. Olhei-o fixamente, e sentou-se ao ver a minha disposição. Iniciei a aplicação de passes, mas novamente ergueu-se, bastante hostil. Enérgico, levei-o de volta à cadeira. Mentalmente tentava convencê-lo da intenção de ajudá-lo e esperava cooperação. Por fim, acedeu.

Dias depois, ouvi gritos vindos da casa. Entrei rapidamente e encontrei a mãe de Sebastião estática, aterrorizada. O rapaz, faca a mão, ameaçava a quem se aproximasse. Ao me ver, estacou. Confiante, retirei-lhe a lâmina. Subitamente saltou-me às costas, cruzou as pernas em torno do meu quadril e tentava me estrangular.

Os benfeitores me intuíam para manter a calma e emitir sentimentos de amor. Por fim, Sebastião desiste e, trôpego, toma a direção do quarto.

Avaliei o quanto o obsessor perturbava o pobre rapaz. Se não me temia, que podia vê-lo, o que fazia oculto a outros olhos?

O espírito Joseph Gleber solicitou uma reunião para assistir àquele ente.

Trazido materializado ao salão, dialogou rispidamente com o dirigente e veio a mim:

– E você, não vai dizer nada? – perguntou com sarcasmo.

De pronto, identifiquei-o como o mesmo espírito que trajava roupa marrom no encontro já descrito e respondi:

– Meu amigo, estive com você por duas vezes. Na primeira, deu-me as costas; na segunda, vislumbrei, em vão, a possibilidade de conversarmos. Agora estou satisfeito, pois sinto que suas vibrações se unem às minhas.

Emiti sentimentos de amor até que o espírito repousou as mãos em meus ombros e disse:

– Gostei de você – e desapareceu.

Aprendi que os fenômenos de desdobramento produzem, também, o toque acalentador que favorece irmãos equivocados a despertar do erro.

N.A. Este episódio está relatado no livro Materializações luminosas – Leis cósmicas em ação, *deste autor.*

Um caso invulgar

Os exercícios de desdobramento se processavam mais serenos. As descargas magnéticas me projetavam fora do corpo em fração de segundos, sem qualquer desconforto.

Em um desses momentos fui à casa de meu pai, distante quase duzentos metros, e o encontrei dormindo placidamente. Com um suave movimento retirei-o do corpo. Pouco depois, pairávamos sobre um campo pedregoso, coberto de arbustos rasteiros, espinhosos, ressecados.

Cenário bastante inóspito, decidimos atravessá-lo rapidamente. Durante o trajeto, entretanto, divisamos vultos escuros, entidades espirituais infelizes, a avançar ameaçadoras em nossa direção.

– Elas vão nos atacar! Só vejo um recurso para a nossa defesa. Aguarde aqui – disse a meu pai.

Caminhei alguns passos em direção à turba. Rapidamente, modelei o perispírito através de processo magnético, manipulado pela mente, e fiz-me algo aterrador: agigantado, braços alongados, unhas como garras, cabelos negros cobrindo-me o corpo. Figura monstruosa, assustadora!

Os irmãos debandaram assustados. O chefe, simulacro de tigre, se prostrou aos meus pés, amedrontado, olhar plangente, em extrema submissão.

Num ato insano, cravei-lhe as garras no pescoço. Rapidamente intervieram os mentores: "Não faça isso! Ele é um irmão, seja fraterno!"

A entidade fugiu em disparada.

De volta, encontro meu pai assustadíssimo, olhos arregalados, fixos em mim.

Pelo processo mental inverso, recompus-me e voltamos à casa. Acordei trêmulo, arrependido da atitude desatinada. Não mais consegui dormir, foi-se a madrugada, amanheceu o dia.

– Bom-dia, pai! Como passou a noite, dormiu bem?

– Não, Dante, tive um sonho muito estranho...

– Pois eu vou lhe recordar.

Bastante aturdido, ouviu-me em silêncio, músculos da face contraídos. Por fim, exclamou:

– Foi isso mesmo, meu filho, mas quando você for a esses trabalhos, por favor, prefiro não ir!

O fenômeno em questão denomina-se zoantropia – a transfiguração da forma perispiritual humana em animal. Por invigilância não recorri à oração, quando poderia ter recebido o concurso dos espíritos amigos.

Na obra *Libertação*, de André Luiz, caso semelhante é descrito no capítulo 5. Gregório, espírito trevoso, altamente comprometido com o mal, usava o poder magnético em uma entidade feminina, mente conturbada, transformando-a em loba. O caso aqui relatado guarda analogia com o de Gregório, contudo, a indução magnética, criadora da metamorfose, foi autoprovocada em defesa própria. Diante da ameaça de agressão atuei, voluntariamente, na expansibilidade do perispírito.

Não me foi difícil assumir a forma hedionda em virtude de ter gravitado no umbral inferior, em existências não muito remotas, face o acúmulo de pesados débitos com a lei divina. Rebelde, revoltado, transformava-me em animal para a defesa contra outros iguais.

A faculdade de o perispírito se modelar de acordo com a vontade do espírito é abordada em *O livro dos médiuns,* item 56, capítulo I – "Da ação dos espíritos sobre a matéria".

DEMONSTRAÇÃO DA IMORTALIDADE

No ano de 1975, em Patos de Minas, recebi uma breve visita de meu pai. Na varanda, defronte ao jardim florido, conversávamos sobre fenômenos espíritas. Ao final, propus-lhe um trato: quando um de nós desencarnasse daria ao outro, não uma prova, para nós obviamente desnecessária, mas a alegria da presença perispiritual.

Quatro meses decorridos, meu pai novamente me visitou. Bem disposto, foi à cidade passear com os netos. À noite, recolheu-se após o noticiário da televisão, mas não conseguiu dormir, tossia muito. Alegou estar gripado e com muitas dores nas costas, o que me preocupou. Por telefone, relatei os sintomas ao seu médico e enquanto o aguardava Jerry anunciou com naturalidade:

– Não preciso de médico, meu filho. Minha hora chegou, vou desencarnar...

Antes que o socorro chegasse, ele se desprendera do corpo.

O médico se prontificou a prepará-lo e indagou se preferíamos que removesse a prótese dentária, hábito comum. Concordei, embora isso nada signifique para o espírito.

Vencido um semestre, ainda sofria a dor da saudade, da separação do grande amigo e sábio instrutor.

À noite, leve toque magnético na glândula pineal prenunciava o desdobramento. Transportado a uma região desconhecida avistei à curta distância um vulto caminhando em minha direção. Que surpresa, era o meu pai! Quanta alegria! Parecia mais jovem, remoçado. Senti um frêmito de felicidade.

Será que ele está sem os dentes? – pensei.

Aproximou-se calmamente, olhou-me nos olhos e enviou o pensamento por resposta, pois os lábios não se moviam: "Ora, vocês tiraram a minha dentadura!" – e sorriu com os novos dentes.

Convidou-me a caminhar. Alcançamos uma região banhada por um rio caudaloso, águas límpidas a desaguar em plácida cachoeira. Adiante, o curso se bifurca e rodeia pequena ilha arborizada com farta vegetação multicor, em maravilhosa glorificação da natureza! Ali, conversamos mentalmente por longo tempo. Falou-me de suas atividades no mundo novo, dos encontros e reencontros com os queridos que o antecederam na grande viagem. Sentia-me em paz e desfrutava da magnífica paisagem ao lado do pai amado. Findo o encontro, despertei, embalado pelos doces momentos.

Só mais tarde dera-me conta de que o fato acontecera em cumprimento ao nosso trato.

O GURU

Fato ocorrido em desdobramento, nos idos de 1978, vem confirmar a atuação do plano espiritual na vida dos encarnados.

Na questão 459 de *O livro dos espíritos*, Kardec indaga:

"Influem os espíritos em nossos pensamentos e nossos atos?"

Respondem os instrutores: "Muito mais do que imaginais. Influem a tal ponto que, de ordinário, são eles que vos dirigem".

Sabem eles, portanto, como atuar em nós, seres agrilhoados à carne. Por outro lado, a mediunidade é um canal conectado às energias cósmicas; por isso, valorizo o aprendizado colhido na relação com os benfeitores espirituais.

Concluída uma viagem de negócios a Belo Horizonte, dirigi-me à estação rodoviária. Rodeou-me um grupo de rapazes, cabeça raspada, vestindo batas cor de laranja, religiosos adeptos de filosofia espiritualista originária da Índia. Um deles, portando grande bandeira, disse-me:

– Tenho ordem para entregar-lhe este livro.

Surpreso, indaguei:

– Quem o mandou?

– Saberá depois. Receba-o, por favor.

Iniciei a leitura no ônibus. A obra abordava o budismo, sua história, conceitos e convidava à associação. No texto final, destaquei um período: "Leia e memorize as palavras a seguir (...). Às 18 horas coloque-se em frente a uma janela, respire profundamente, alce o olhar ao Universo e aguarde o que lhe venha acontecer".

Ao chegar à casa assim procedi. Diante da janela repeti, por três vezes, as palavras recomendadas: "Hare, hare, hare Krishna!". Aos poucos, invadiu-me forte emoção, bastante prazerosa, ainda não vivenciada.

À noite, fora do corpo, meus olhos se voltaram atraídos para o lado do leito. Avistei um espírito com bata colorida, sentado no chão, pernas cruzadas, olhos cerrados, braços e mãos na clássica posição yoga de meditação. Nada me disse, nada lhe perguntei.

Com nobres sentimentos agradeci a oportunidade do encontro, mas por pertencer à outra denominação religiosa declinava do convite, embora honroso, para reunir-me ao budismo.

Nunca mais tive contato com aquele espírito.

França, França!

Nosso espírito milenar, andarilho na estrada da evolução inexorável, transita por caminhos tortuosos até entender que o Divino Pai nos criou simples e ignorantes, mas predestinados ao aprimoramento. Somos como diamante que Ele, no contínuo produzir, lança no Universo regido por Suas leis harmoniosas, para ser lapidado. Para essa jóia bruta exibir as arestas aparelhadas necessita de rolar através dos tempos, como seixo no rio, polindo-se para adquirir a consciência reta, a sublimação e, assim, refletir a luz do amor.

França, França! Nos arquivos das memórias jazem plasmadas cenas do outrora que ainda me sensibilizam. Tal possibilidade é descrita na questão 395 de *O livro dos espíritos*:

"Podemos ter algumas revelações a respeito de nossas vidas anteriores?"

Resposta: "Nem sempre. Contudo, muitos sabem o que foram e o que faziam."

Aconteceu comigo.

Em 1949, assistia, em companhia do confrade Carlos Cavalcante, à reunião do Grupo Espírita Luiz Gonzaga, em Pedro Leopoldo. Encerrados os trabalhos, acompanhamos o querido Chico Xavier a sua casa, e lá pernoitamos. Ao amanhecer, dirigi-me ao jardim. Contemplava as plantas, respirava o ar puro das primeiras horas do dia, sentia a fragrância da relva molhada. A madrugada fora muito fria, e os primeiros raios de sol, ao surgirem no horizonte, banhavam a natureza e refletiam nas gotas de orvalho a magnífica aquarela do espectro solar. As folhas balançavam suavemente, sopradas pela brisa matinal.

Embevecido, admirava a dádiva da mãe-natureza, quando ouvi a voz meiga do Chico:

– Bom-dia, Dante! Está a apreciar a beleza da vida? É o espetáculo do amor divino na sua criação maravilhosa!

Coração delicado, estendeu-se longamente na exaltação do cenário com a sensibilidade dos inspirados poetas. Após o que, revelou com naturalidade:

– Dante, vejo ao seu lado, com certa freqüência, uma entidade feminina, de estatura alta, olhos azuis a emitir-lhe amor e carinho. O seu nome é Margarida. Você a conhece?

Busquei no repositório das recordações, sem sucesso, quem se ajustasse à notícia, entretanto a revelação permaneceu gravada.

Em outra oportunidade, na Mocidade Espírita Nina Aroeira, em Belo Horizonte, indaguei ao querido médium sobre o meu passado espiritual.

Olhou-me fixamente nos olhos, em silêncio, pensativo. Parecia constrangido.

– Dante, a notícia não é boa, sinto pena do amigo... – e novamente fez longa pausa. A expressão melancólica sugeria má notícia.

Esforçava-me por controlar a ansiedade, consciente de que o pretérito fora algo execrável.

– Pode falar, Chico! Estou pronto a ouví-lo – insisti.

Finalmente:

– Meu caro, como disse, a notícia não é boa. Lamento dizer, mas você foi um degolador na França revolucionária...

O impacto da revelação estampara em meu rosto a dor indisfarçável. O coração acelerou, senti-me profundamente aturdido, arrasado! Era como o céu desabasse sobre mim ou se me atingisse uma explosão!...

A notícia superara em muito a pior expectativa. Como pudera ser tão ignóbil?

O médium me abraçou piedoso, tentou abrandar o choque, justificou que a História descreve aquele ofício como tradição de família, contudo, eu estava totalmente perturbado.

A memória viajou à infância, quando, aos sete anos, modelava bonecos de barro e em seguida decepava-lhes as cabeças.

As notícias da presença do espírito Margarida e do cruel ofício na França, desnudadas pelo médium amigo, inserem-se no conteúdo deste capítulo.

Passaram-se cinco anos.

Em 1984, fui transportado à França em desdobramento. Lá assisti a uma cena estarrecedora. Era o início do século XVII. Vi-me à mesa, conversando com três pessoas, no porão de uma casa com requintadas acomodações. Ao meu lado, uma pequena janela quase ao nível da rua. De repente, meus olhos se voltam para aquela direção e surpreendo alguém deitado, com uma carabina apontada para mim. Alvo privilegiado do atirador, sequer tive tempo de reagir. Detonada a arma, recebi no crânio o forte impacto do projétil, acompanhado de estrondo ensurdecedor. Perdi as forças, desfaleci.

Apavorado, reassumi o corpo.

– Meu Deus, fui assassinado! – o primeiro pensamento ao despertar.

Em outubro de 1998, após participar do II Congresso Espírita Mundial, em Lisboa, viajei a Paris com alguns companheiros. Visitamos diversos pontos turísticos e, no dia seguinte, acompanhado de Norma Hoppe, de Nova York, desligamo-nos do grupo e fomos a lugares históricos. Atravessamos o Rio Sena, contemplamos o palácio onde a rainha Maria Antonieta foi encarcerada e seguimos à Praça 14 de Julho.

Palco de sangrentas lutas no passado, o lugar reverencia a queda da Bastilha, ícone da Revolução Francesa. Perturbou-me, de imediato, a psicosfera soturna, asfixiante e decidi sair rapidamente. Adiante, a Praça do Louvre, de triste memória, mórbido cenário onde milhares de pessoas passaram pelas lâminas da guilhotina. As vibrações negativas se manifestaram mais intensas e aumentaram a angústia. Regressamos ao hotel.

À noite, desdobrei-me e retornei involuntariamente àquela praça. Extremamente lúgubre o magnetismo e irresistível a força que a ela me imantava. Em vão tentava abandonar o lugar e gritava: "Não quero ficar aqui!"

Súbito, gritos em coro:

– Guillotine! Guillotine!... (guilhotina, em francês).

O pânico me invadira. Desesperado, consegui voltar ao corpo. Insuportável a investida de energias desequilibradas. Recorri à sintonia com os mentores espirituais e finalmente consegui pacificar as emoções.

Os amigos do Além esclareceram que muitos espíritos, ainda arraigados no ódio centenário, convergem para aquele sítio atraídos pelo magnetismo ambiente, fruto dos excessos da Revolução Francesa, e com ela comprometidos.

Recentemente interessei-me por conhecer a história dos carrascos franceses. Pesquisei a extensa bibliografia e encontrei a obra *Carrascos de Paris: A dinastia dos Sanson,* de Bernard Lecherbonnier (Ed. Mercuryo). Sempre que mergulhava na leitura, curiosamente favorecia-me a volta ao passado. Cada página, surpresa e emoção.

Um dos personagens que mais me despertou a atenção foi o francês Charles Sanson. Aos 21 anos, sem dinheiro, decidira alistar-se na Guarda Real. Destacado para a guarnição do Quebec, no Canadá, sua tropa combatia os insurgentes contra a coroa francesa. Além disso, participava de pilhagens e enriquecia com este expediente.

Em três anos, retornou à França e, por outros 14, manteve vida nababesca na glamourosa sociedade parisiense. Era um notório galante.

Em viagem com a prima ao sul do país, o carroção que os transportava, atingido por um raio, lançou-os à distância durante forte temporal. A moça teve morte imediata e ele, seriamente ferido, foi recolhido pelo proprietário de luxuosa mansão nos arredores, que o tratou com desvelo.

Charles se enamorou pela filha do hospedeiro e, livre dos ferimentos, considerou por bem retornar a Paris. Assim o fez, mas com o coração oprimido.

Passaram-se meses. O rapaz não esquecia da imagem da criatura que amava, sem nunca se ter declarado. Obedecendo aos impulsos do coração, decidiu revê-la. As visitas aconteciam repetidamente, sempre na ausência do pai.

Charles e Margarida se tornaram amantes.

Ao ler o nome Margarida, senti um impacto. Veio à tona a revelação de Chico Xavier, há mais de cinqüenta anos, de que uma entidade de mesmo nome me era afim.

Informado de que o pai da amada descendia dos Jouënne, conhecida família de carrascos, sabia que ao se casar com ela assumiria, por tradição, o mesmo ofício macabro. A despeito, insistia em se avistar com Margarida. O patriarca descobrira a presença constante do rapaz na casa e, depois de acalorada discussão, no cutelo e na força, assentiu em conceder a mão da filha em casamento.

Corre o ano de 1675. Charles ocupa o cargo de carrasco na guilhotina e inicia a funesta dinastia dos Sanson. Encerrou-a reencarnado como o seu próprio tataraneto Henry Clément Sanson, conforme revelaram os amigos espirituais.

Aos 13 anos, o adolescente Henry Clément foi induzido pelo pai a assistir a um degolamento, o que lhe abalou profundamente as emoções. Aos 17, obrigado a dar continuidade à tradição da família, em substituição ao pai enfermo, fora designado para a sua primeira decapitação. A estréia como verdugo não constituiu um ato de bravura, como ansiava o povo, mas um grande malogro. O sensível rapaz, ao ver a vítima desesperada e indefesa diante da pesada lâmina, desmaiou sobre o patíbulo. Os ajudantes deram cabo da execução, sob apupos da multidão frustrada e enfurecida.

A ameaça de consumar tamanha violência contra a vida humana atingia-lhe os valores morais, face ao pactuado no plano espiritual de pôr fim à trágica dinastia Sanson de carrascos, ainda segundo a revelação dos espíritos.

Tornou-se adulto e, por dever, praticou degolamentos que o transtornavam profundamente. Angustiado e deprimido, não escondia o repúdio e o desprezo pelo repugnante ofício, a ponto de ausentar-se com freqüência do patíbulo e de incumbir os auxiliares de substituir-lhe.

Em permanente conflito entre o fazer e o deixar de fazer, decidiu se declarar homossexual. Perdeu o cargo, mas libertou-se do jugo que o atormentava.

Casado, Henry Clément teve duas filhas e um filho, que veio a falecer. Sem sucessor e desencarnado em 1889 encerrou a dinastia dos Sanson, ao longo de cinco gerações. Cumprira, assim, o convencionado no mundo espiritual.

Perambulou pela erraticidade por muitos anos até seguirem-se duas vindas à Terra, com pequenos intervalos e retornos em tenra idade, a fim de permitir a reconstituição do metabolismo psíquico.

Foi-me dito, também, pelos amorosos mentores, que sua penúltima vinda acontecera no Nordeste do Brasil, acolhido como filho por um ser que hoje atua no plano espiritual em trabalhos de materialização dedicados a tratamentos de saúde do corpo. Seu nome – José Grosso.

Os dois desdobramentos espirituais ora descritos e relacionados à França, as revelações do querido Chico a meu respeito, levam-me a supor, pelas correlações existentes, que fora eu a reencarnação de Charles Sanson e do tataraneto Henry Clément Sanson.

São indícios muito fortes e, por isso, julgo não os devo ignorar.

Ao redigir este capítulo, em busca do meu passado na França, recebi por psicografia a advertência do mentor espiritual: "O que escreveste é semelhante ao que te aconteceu, mas um alerta: não insista em lembrar o que tens arquivado no subconsciente. Afiança-te que nem sempre é útil desenterrar o pretérito. Satisfaze-te, portanto, com o que já escreveste."

Efeitos de uma causa

Nas intercalações reencarnatórias mergulhamos, muitas vezes, por insensatez, em abismos onde a queda nos parece interminável. É quando nos domina a inércia mental e não mais somos espíritos conscientes, mas amorfos, caminhando para a autodestruição, como se isso pudesse acontecer. Perdemos a forma perispirítica, contudo, a essência divina não se extingue. Se habitamos um planeta de dores, de sofrimentos é para que abrandemos os corações e descubramos a grandeza do Criador, de suas leis justas, imutáveis e absolutas. Transgredi-las é estacionar. Por isso, a necessidade de palmear o caminho reto que nos direciona ao Senhor.

Em 1941, aos 13 anos, fui acometido de grave infecção. O mal desorganizava o metabolismo, desencadeava febre alta e desequilíbrios emocional e espiritual. Como o quadro se agravasse, fui levado ao médico. Os exames, todavia, não possibilitaram o diagnóstico e meus pais recorreram a um centro mais bem equipado, em cidade próxima.

Internado, soube sofrer de esquistossomose. No Brasil não havia o medicamento prescrito, apenas na Alemanha em guerra com o mundo. Assim, a cura parecia difícil.

A notícia de que o filho de Jerry Labbate poderia morrer propagou-se pela pequena Caratinga, onde éramos bastante conhecidos. Meu pai se esforçava na aplicação de passes magnéticos, mas a febre insistia alta, alucinava, levava a delírios. Curiosamente eu sentia prazer naquele sofrimento.

Pela graça divina, o remédio chegou ao hospital. Foi recomendado iniciar com pequena dose e aumentar gradualmente as aplicações posteriores, sob rigorosa observação de possíveis efeitos colaterais.

Mesmo com esses cuidados, sofri reação violenta e incontrolável. Convulsões me produziram a sensação de estar à morte, o que de fato estava em curso. Embotado, semi-afastado do corpo, assistia ao esforço dos médicos na reanimação mecânica, quando, ao longe, ouvi chamarem o meu nome. Uma voz, em eco, convocava-me energicamente a reassumir o corpo. Lentamente recuperei o controle dos sentidos e da realidade. Voltara à vida física.

Em duas semanas, recebi alta hospitalar.

Decorridos três meses, algo absurdo passou a suceder. Incrível, mas experimentava a sensação de diminuir de tamanho!

Essa idéia insensata me levava a temer fosse lançado às regiões abissais do microcosmo. Passado o episódio, a reação era oposta, isto é, de expansão da massa física. Julgava que a febre alta, seqüela da esquistossomose, produzia a dolorosa perturbação e o sofrimento constante. Por outro lado, temia que meus pais soubessem, pois duvidariam da saúde mental do filho. Para culminar, instalara-se a síndrome do pânico.

Tal alucinação me consumira a adolescência por quatro anos, a ponto de desorientar-me, de viver oprimido e assustado. Era terrível, insuportável!

Após muito analisar o fato, tomei uma decisão, no mínimo estapafúrdia. Tão logo prenunciou a sensação de encolhimento, iniciei o desdobramento e mentalizei intensamente para reduzir-me ao máximo de tamanho. Findo algum esforço, vi-me como um ponto, algo mínimo, indivisível e quis ir além, ultrapassar a condição de minúsculo organismo vivo e autodestruir-me. Não mais suportava o desespero em que vivia.

Felizmente arrependi-me. Reagi à idéia suicida e retornei ao corpo fluindo em velocidade por um túnel interminável. Dera-se, no entanto, o fenômeno inverso: via o globo terrestre reduzir o tamanho enquanto eu crescia absurdamente! Tudo isso parecia loucura, inacreditável, mas acontecia comigo no mundo das emoções.

Muito tempo depois, graças às forças do bem que me auxiliaram, pude superar as alucinações. Os incríveis episódios não mais se repetiram e consegui recuperar o equilíbrio psíquico.

Hoje, entendo que tal padecimento, além de promover o expurgo de resíduos tóxicos do psicossoma, concorrera para desoprimir da consciência o peso de um passado iníquo vivido na França, relatado no capítulo anterior.

A NAMORADA COM QUE SONHEI

Muitas vezes, tomamos rumos supostamente acertados quando deparamos com os do plano espiritual.

Em 1955, desdobrado, caminhei em direção à porta do quarto. Um espírito, porém, me impede a passagem e diz-se enviado para velar por mim. Em seguida, surge uma entidade feminina, que insinua me abraçar. Embora não a conhecesse, emocionei-me com sua presença e a envolvi nos braços. Sentia suas lágrimas deslizarem na minha testa e enlaçava com alegria aquela entidade espiritual, que apenas sabia querida.

– Quanto tempo estivemos longe um do outro – disse comovida –, mas Jesus em seu infinito amor nos concedera novamente a dádiva do reencontro!

Tomou-me a mão e fomos à sala. Por longo tempo trocamos vibrações. Falei do meu casamento e dos filhos, fui ao quarto do menino, desprendi-o do corpo e o trouxe a sua presença. A filha não estava em casa. A entidade acariciou seus cabelos e, sob o impulso natural da idade, o filhinho foi a um ângulo do recinto onde mantinha os brinquedos.

Pela manhã despertei com a alma em festa. Contei a meu pai o encontro e partilhamos a emoção.

Anos depois, nos tortuosos caminhos da vida, o casamento se desfez. Jovem, 34 anos, dava continuidade à vida, cuidava da prole, tinha uma ocupação rendosa; contudo, um vazio persistente no peito fazia-me sofrer a dor da solidão. Uma noite, bastante acabrunhado, orei e indaguei ao mentor se teria outra oportunidade de amar, de ser amado. A resposta veio em seguida: "Sim, você terá. Aguarde".

Na época, viajava freqüentemente a serviço ao interior de Minas. Tivera ensejo de conhecer diversas moças, todavia sem manifestarem disposição para uma relação responsável e duradoura.

No abril de 1969, decidi emigrar para os Estados Unidos. Ultimava as providências quando, na estação rodoviária de Rio Casca, vi passar duas jovens. Imediatamente, o coração vibrou por uma delas e pensei: é esta! Cabelos castanhos, nariz retilíneo, semblante luminoso, não tive dúvida, era a mesma do encontro em desdobramento, em 1955.

Decidi segui-la. Coloquei-me à sua frente, correspondeu discretamente o sorriso. Mostrava-se embaraçada diante da abordagem intempestiva. Com destinos diferentes, nossos ônibus logo partiriam, mas os breves minutos foram suficientes para falar de mim – residente em Caratinga, concluíra um trabalho em Ponte Nova, cidade onde ela morava – e da planejada viagem ao país da Norte América. Pouco disse de si: universitária, estudava pedagogia em Caratinga, e ali estava a serviço da escola em que trabalhava. Despedimo-nos e lhe prometi um cartão tão logo chegasse aos Estados Unidos.

Enlevado, venci fácil o percurso em cinco horas.

Adiada temporariamente a viagem, passaram-se meses sem contato com a moça.

Certa manhã, na janela do apartamento, abraçado à minha filha de 16 anos, beijava-a ternamente na face, quando um grupo de jovens saídas de uma loja nos observava. Surpreso, reconheci uma delas e exclamei: É ela!

Quem, papai? – espantou-se a filha.

– A moça de quem lhe falei!

Embora a mudança na cor dos cabelos reconheci-a de imediato. Encontramo-nos à tarde, mas procedia retraída, quase indiferente. Por fim, alegara me ter visto aos beijos com a 'namorada'. Entre risos, esclareci o engano.

A dois meses do embarque, convidei-a a conhecer minha família. Pelos seus fui recebido com gentilezas e atenções. Na ante-sala, enquanto aguardava a presença da matriarca, elevei o pensamento ao pai desencarnado e disse-lhe que, embora não me conhecesse, pretendia participar da família. Imediatamente veio a resposta: "Eu o conheço por intermédio dos amigos espirituais. Estou feliz, Jesus os abençoe."

Convidado à sala principal, disse o motivo da visita e fui aceito.

Vencido um mês, finalmente viajei.

A distância nos separou fisicamente durante um ano e dois meses, mas nossos espíritos sempre estiveram juntos.

Regressei ao Brasil ansioso por abraçar a família e rever a namorada. Casamo-nos em novembro de 1970, com a igreja repleta de convidados e de curiosos, surpresos com a escolha das músicas nas vozes do coral. A noiva entrou ao som de "Tema de Lara"; durante a cerimônia, "A namorada que sonhei" e, ao final, "Dio, come te amo".

Para completar a nossa união, Deus nos confiou três espíritos maravilhosos. São tesouros que se adicionam aos dois primeiros e se amam verdadeiramente.

Trinta e seis anos passados, somos eternos namorados e flores ainda lhe ofereço.

Valado Rosas

Poeta versátil, personagem de grande envergadura moral, espírita estudioso, incansável trabalhador da seara de Jesus, Lázaro Fernandes do Val nasceu em 1871 em Portugal. Aos 14, em companhia de seus pais, transferiu-se para o Brasil. A mineira Caratinga os recebeu para uma vida nova.

Na juventude, um dos fundadores do Grupo Espírita Dias da Cruz, fez-se conhecido como trovador, de pseudônimo Valado Rosas.

O vigário da cidade, a ele refratário por professar a doutrina espírita, aproximou-se na esperança de o demover das "idéias demoníacas".

As visitas passaram a quase diárias do que nasceu grande amizade. As divergências de fé não mais se constituíam em polêmica e a troca de idéias processava-se em harmonia.

Anos depois, o pároco desencarna. Valado segue o curso da vida, o tempo passa.

Certa vez, o dirigente do Dias da Cruz recebe uma comunicação do mentor endereçada ao poeta: sua presença é solicitada na próxima reunião.

No dia previsto, um espírito se manifesta, fala da alegria do momento e dirige-se carinhosamente ao poeta:

– Meu querido amigo e irmão, agradeço os livros espíritas que me emprestava quando na carne ia visitá-lo. Abriram-me um novo caminho e me aproximaram mais de Jesus. Muito obrigado!

A voz do médium vibra de emoção. Valado, comovido, sabe que ali está o vigário de Caratinga.

Na década de 40, em Pedro Leopoldo, indagou-me o querido Chico Xavier:

– Dante, você já ouviu falar de Valado Rosas?

– Sim, Chico, foi meu conterrâneo.

O luminoso amigo comentou então que em *Parnaso de além-túmulo* estão insertos alguns de seus poemas. Com a transcrição de um deles homenageio Chico e Valado:

Na Paz do Além

Dento da noite grandiosa e calma,
Deixo a minh'alma falar aqui,
Aos companheiros de luta e crença,
Da graça imensa que recebi.

Graça divina de haver sofrido,
De ser vencido no mundo vão,
Graça de haver sofrido tanto
O amargo pranto da ingratidão.

Na vida obscura e transitória,
A nossa glória vive na dor,
Dor de quem sofre sonhando e espera
Com fé sincera no Pai de Amor.

Subi o gólgota dos meus pesares,
Que os avatares da redenção

São todos feitos de amarguras,
Nas desventuras da provação.

Perdi na Terra doces afetos,
Sonhos diletos de sofredor,
Mas recebendo na grande escola,
A grande esmola do meu Senhor.

E a morte trouxe-me a liberdade,
A piedade, o amparo e a luz.
Feliz quem pode, na dor terrestre,
Seguir o Mestre com Sua cruz!

Regressão I

Este fato me foi narrado por meu pai.

Em uma de suas viagens, Jerry se hospedou em pequena cidade do interior paulista. À noite, conversava no salão de refeições a respeito da possibilidade de regressão de memória, por hipnose, e expunha sua experiência no assunto. Dizia empregar essa técnica para tratamento de desordens psíquicas.

Um dos presentes, bastante interessado no assunto, inquiriu:

– O senhor é realmente capaz de transportar alguém ao passado, até mesmo em outra possível existência?

– Sim, especialmente com fins superiores.

O interlocutor se apresentou:

– Eu e o meu amigo aqui somos médicos, atendemos num hospital em Jundiaí, São Paulo. Gostaríamos de saber mais sobre a regressão com vistas à possibilidade de utilizá-la na clínica. É possível demonstrar-nos?

Jerry lança o olhar no refeitório e vê o garçom, um jovem de aparência adequada à experimentação. Convidado a submeter-se ao teste, toma assento entre os três.

Meu pai inicia:

– Tenha confiança e preste atenção na minha voz.

A seguir, aplica-lhe passes magnéticos e o leva a sono profundo.

– Farei algumas perguntas e as responderá se quiser – prossegue.

O rapaz ouvia atentamente.

– Você agora se encontra em outra dimensão.

– O que é dimensão? – perguntou.

– É onde você está no presente ou no passado, depende da circunstância. Qual o seu nome na última existência?

– Antônio Amâncio.

– Em que cidade viveu?

– Curitiba.

– Como foi sua morte?

O rapaz mantém curto silêncio e prossegue:

– Depois de uma forte tempestade eu estava na ponte sobre o ribeirão. Apoiara-me no corrimão para apreciar as águas do rio que subiram muito. Corriam velozes, lamacentas. De repente, o suporte cedeu, fui lançado ao rio e afoguei-me.

Os médicos fizeram anotações e se retiraram.

Tempos depois, Jerry recebe uma carta em que se lê: "Prezado senhor, com referência ao episódio de regressão realizada no Hotel X, informamos que eu e o meu colega fizemos uma pesquisa no Cartório de Registro Civil, em Curitiba. Constatamos a veracidade do exposto na sua demonstração, ressalvado o fato de que o laudo do óbito de Antônio Amâncio concluiu por suicídio e não por morte acidental. Para nós, isso é irrelevante e em nada diminui o valor da regressão. Confessamos que a prova nos surpreendeu, pois supúnhamos uma fraude produzida por magnetismo. Diante disso, pesquisaremos o assunto. Atenciosamente, (...) e (...)."

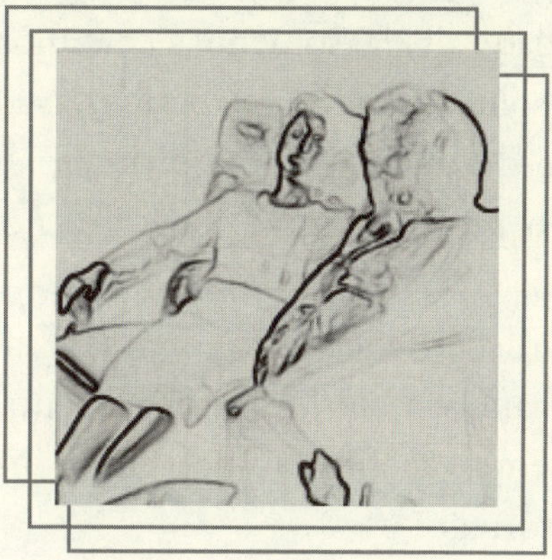

Regressão II

Jerry atendia a quem o procurasse em busca de alívio de seus males físicos ou psíquicos. Raramente recebia alguém interessado em recorrer à regressão de memória apenas para saber do seu passado em outra existência. Mas, um amigo farmacêutico, da cidade de Inhapim, inteligente e culto, visitou meu pai com esse propósito.

Levado o visitante ao estado sonambúlico, a prática se processava normalmente. Súbito, paciente e magnetizador passaram a experimentar momentos difíceis. O visitante, olhos arregalados, dentes cerrados, exibia expressão de intenso pavor. Diante do quadro, Jerry encerrou a sessão e iniciou a aplicação de passes mediúnicos dispersivos, para desarticular as energias nocivas que o envolviam. Chamado pelo nome e convocado ao presente, aos poucos se recompôs. Desperto, o farmacêutico confessou aterrorizado:

– Jerry, eu ia ser esmagado por uma geleira! Não queria morrer, entrei em pânico!

– E agora, está melhor?

– Sim, mas ainda vejo a cena terrível!

– Vou insistir com os passes para remover as energias que restaram, mas relaxe e ouça: o que lhe aconteceu pertence ao passado. Hoje, você vive outra realidade – a do presente!

Em razão da desagradável ocorrência, Jerry tomou a sábia decisão de não mais atender à curiosidade alheia, somente a enfermos do corpo e da alma.

Consciente da resolução, meu pai aperfeiçoava a cada dia os recursos mediúnicos. Por meio do magnetismo espiritual, abria as portas da alma dos angustiados que o procurassem e penetrava nos compartimentos do inconsciente profundo.

Um dia, ao entardecer, chegou à Fazenda Eureka uma senhora em companhia do filho Francisco, de 15 anos, à procura de tratamento espiritual. Ao se aproximarem, o menino tomou rumo inesperado e chafurdou-se no lamaçal de um córrego.

A pobre mulher gritava em desespero para ajudarem o rapaz, segundo ela, acometido de crise epiléptica. Correram todos e o retiraram enlameado, enrijecido.

O tratamento orientado pelo abnegado mentor Joseph Gleber recomendava a regressão de memória, como providência inicial, porquanto, reveladas as recordações do passado, perdoaria os seus inimigos espirituais que o perseguiam, e por eles poderia ser perdoado. Assim, esclarecidos e afastado o assédio, não haveria interferência negativa no processo de reabilitação.

Conduzido ao sono hipnótico, no entanto, Francisco reagia com firmeza à intenção do magnetizador e se negava a defrontar com a imagem apresentada:

– Eu não quero ver isso!

– Meu amigo – argumenta Jerry – você tem o direito de recusar nosso auxílio, no entanto, oferecemos o remédio para o seu mal. É amargo, eu sei, mas estou certo que lhe fará bem. A propósito, o que vê ao seu lado?

– Uma luz. Vem na minha direção, quer entrar em mim!

– Confie. Ela o guiará aos recônditos do inconsciente em busca do porquê de suas agruras atuais. Verá, com certeza, que seus excessos atormentaram pessoas, levaram-nas ao desespero.

Longo silêncio. Entre soluços, o rapaz finalmente exclama, num brado incontido:

– Agora vejo! Eu estava cego, como pude ser tão perverso! Por orgulho persegui e destruí toda uma família! Meu Deus!

Jerry se vale do instante de arrependimento e o traz à reflexão, ainda sob estado hipnótico.

– Deus é misericordioso e o ajudará, não lhe deixará em desamparo! Abra-Lhe o coração, perdoe aqueles que o perseguem e rogue-lhes a indulgência pelo mal que lhes causou!...

Findo o atendimento, Jerry remove os fluidos negativos e harmoniza as emoções de Francisco.

O tratamento prosseguiu em outras sessões, com regressão e doutrinação de dois obsessores, inimigos de outrora, indutores das crises epilépticas.

Meses depois, curado do mal, Francisco decidiu educar a mediunidade e ingressou na doutrina espírita. Casado, teve quatro filhos, um deles paraplégico, o outro deficiente mental – seus antigos obsessores, agora reunidos no mesmo núcleo familiar em regime de correção e aperfeiçoamento.

Um caso de polícia

Numa das viagens a serviço, meu pai fora fotografar um povoado indígena na periferia de Barra do Caeté, próximo a Caratinga. Bastante pitoresca, a localidade dispunha de uma pensão onde repousavam os viajantes. Na parte de trás, a caminho do refeitório, bela cascata de águas cálidas oferecia banhos revigorantes.

Durante o jantar, comentava-se o sofrimento da esposa de um comerciante local, acometida de grave infecção dentária. Seus lábios, bastante intumescidos, se deformaram a ponto de impedi-la de falar e de comer.

O lugarejo dispunha apenas de um dentista prático que, diante da gravidade do caso, sugeriu-lhe um profissional de outra cidade, distante mais de cem quilômetros, somente alcançada por transporte rudimentar. Impossibilitada de empreender a jornada, a mulher sofria em desespero.

Inteirado do assunto, Jerry manifestou o desejo de visitá-la e para lá se dirigiu na manhã seguinte. Próximo à residência, encontrou um aglomerado de pessoas atraídas pelos lamentos da padecente.

Ao dono da casa, de nome Antônio, meu pai disse do desejo de tentar aliviar as dores de sua esposa. Introduzido no dormitório, surpreendeu-se ao ver a face esquerda do rosto de Maria, quase nivelada com o nariz, tamanho o inchaço. Entre gemidos e soluços, ansiava por um milagre que não vinha.

Inspirado, rogou em prece a misericórdia divina para a sofredora e levou-a ao sono profundo, para que a espiritualidade agisse. Iniciou a aplicação de passes longitudinais, ao mesmo tempo em que emitia sugestões para relaxar e dormir.

A mulher se acalmou até silenciar.

– Maria, está me ouvindo? – indaga Jerry

– Hum... Hum...

– Ouça, você vai dormir até às sete horas de amanhã. Mas, preste atenção, somente até às sete horas, não mais! – repetiu enfático.

No dia seguinte, às seis horas, Jerry é despertado por fortes pancadas à porta do quarto, seguidas de uma voz enérgica:

– Polícia! Abra a porta!

Confuso, sonolento, o magnetizador não atina com o motivo da vigorosa intervenção. A voz insiste:

– Polícia! Abra a porta! Sou o delegado e quero falar com o senhor!

Jerry se depara com a autoridade, Antônio ao lado, semblante em desalinho.

– O que houve? – pergunta.

O delegado interpela-o autoritário:

– O senhor esteve ontem em casa do Antônio? Pois hoje ele beliscou a esposa várias vezes, mas ela não acordou! O que fez com Maria? Responda!

Jerry respira aliviado e calmamente orienta o assustado marido:

– Antônio, sua esposa vai acordar às sete horas. Ainda não está na hora. Vá para casa e aguarde.

– Mas, e se ela estiver morta?

– Eu prendo este homem, Antônio – reage o delegado – Volte para casa, eu fico com ele. Não fugirá se Maria morrer.

Meu pai convida o delegado para o desjejum e, após as sete horas, vão à residência do comerciante. De longe avistam curiosos em volta da casa.

O policial indaga o motivo da aglomeração. Com a simplicidade interiorana, alguém responde:

– A comadre Maria acordou. 'Tá' boa que nem coco. Já consegue 'inté falá'!...

O delegado se desculpou com Jerry:

– Eu confiava no senhor...

– Mas me escoltou para eu não fugir, não é?

Na residência foram recebidos pelo casal.

– Como está, Maria? – indagou meu pai.

– Estou bem. Não sinto mais dor, graças a Deus. Mas, veja os meus braços!...

Estavam cobertos de equimoses.

– O que foi isso? – espantaram-se.

– O Antônio tentou me acordar, pensou que eu estava morta... A barriga e as pernas também estão todas marcadas pelos beliscões!

– Antônio, você quase matou a esposa, heim? Assim, você é quem seria preso! – exclamou Jerry.

E riram todos.

O AVISO

Meu pai decidira adquirir uma máquina para beneficiar arroz. Com este propósito, viajou para Ponte Nova, duzentos quilômetros distantes, quatro dias a cavalo.

Lá, foi internado em razão de forte traumatismo no joelho direito, que o manteve hospitalizado por quase três meses.

Comunicação e transporte, bastante precários na cidade, dificultavam avisar a família passados trinta dias.

A recuperação prosseguia lenta, e pouco expressivo o alívio das dores. Rogava o amparo da espiritualidade, e os mensageiros do amor o estimulavam e intuíam a recorrer aos conhecimentos de magnetismo espiritual. Assim, procedia sempre que a dor lhe visitava.

Finalmente, a notícia animadora: a infecção começara a ceder, prognóstico de que em breve receberia alta.

Jerry ansiava por avisar à família. Orou com o pensamento na esposa, nos quatro filhos pequenos e adormeceu. Em desdobramento foi à casa e encontrou a companheira em sono profundo. Convocou-a diversas vezes, sem resposta. Ansioso por lhe falar, olhou ao redor, viu o despertador que sabia com defeito e, para acordá-la, atirou-o ao chão, próximo da cama. A esposa se assustou com o barulho e, surpresa, ouviu o tic-tac do relógio. Em prantos correu ao quarto da empregada:

– Firmina, o Jerry morreu! Eu sei que ele morreu! Pobre Jerry!

Foram ao quarto de mamãe.

– Veja, o despertador foi jogado ao chão de cima daquele móvel, acordei com o barulho! Agora funciona! Foi um aviso do Jerry!

– 'Vige', dona Telízia, vamos rezar 'pro' seu marido, ele agora é alma penada!

Passava de meia-noite quando meu pai acordou no hospital. Nítida era a impressão de que visitara a companheira e se fizera notar.

Amanheceu.

– Olá, Jerry! Como passou a noite? – indagou o médico.

– Muito bem!

– Presumo que em pouco mais de uma semana você possa ter alta. Vou mandar alguém levar notícias a sua família.

– Não precisa, doutor. Eu mesmo já os avisei.

– Você? Como?

– Estive na minha casa essa noite, em sonho.

– Jerry, se não o conhecesse diria que está maluco!

– Doutor, depois de tanto sofrimento era mesmo para enlouquecer! Mas, creia, em breve alguém virá me buscar.

Dias depois, meu avô materno e um ajudante se apresentaram no hospital.

Quando mamãe relatou o acontecido com o relógio, ouviu a justificativa:

– Foi a única maneira de avisá-la!

– Quase me matou de susto, Jerry! Pensei que houvesse morrido. A pobre Firmina disse que você era alma penada...

O fenômeno de desdobramento mediúnico evidencia a independência da alma em relação ao corpo. Demonstra que o espírito a ele não está preso, não é um simples escravo de suas funções orgânicas, mas tem momentos de liberdade, ainda que fugazes. Por méritos próprios, no futuro, será desligado para sempre do corpo material e viverá como espírito puro.

Sexo após a morte

Os trabalhos espirituais nas reuniões da Fazenda Eureka desenvolviam-se com pleno êxito. Militante estudioso da doutrina espírita, Jerry conduzia com aplicação e competência as reuniões de materialização do Grupo Irmão Joseph Gleber. Devotado aos deveres do amor ao próximo, deparava-se freqüentemente com pessoas em desequilíbrio psíquico.

Nos terrenos da fazenda viviam agregados e meeiros, como o casal Astolfo e Lourdes, pessoas simples, de boa índole.

– Dante, tenho um assunto para lhe falar – disse meu pai, circunspecto. Como você sabe, o Astolfo desencarnou há pouco tempo. Outro dia, a viúva me procurou, bastante preocupada. Disse que após quatro meses da partida do marido, ele retorna todas as noites para dormir e fazer sexo com ela.

– Verdade? E o que o senhor disse a ela?

– Que o 'falecido' não pode fazer isso.

– Mas, é o meu marido! – ela respondeu:

– Não é mais, Lourdes. Astolfo está 'morto'.

– Mas, 'seu' Jerry, mesmo assim ele vem!

– Acredito, e vou orar por ambos. Deus há de ajudá-los. Quanto a você, faça um esforço, tente não pensar muito nele durante o dia.

– Está bem, vou fazer isso.

A propósito, recordamos a narrativa de André Luiz a respeito de um espírito excessivamente apegado à crosta terrestre, aos fluidos vitais da família, e que dormia no mesmo local onde desencarnou, por ignorar não mais pertencer ao mundo material. Diante disso, não pudemos descrer do relato da nossa meeira.

Na reunião seguinte, o espírito José Grosso, materializado, se prontificou a ajudar o casal.

Findo um mês, a viúva retorna.

– Então, Lourdes, como tem passado?

– Bem, 'seu' Jerry. O meu marido não apareceu mais.

– Que bom!

– É, mas estou sentindo tanta falta!...

Na questão de número 200 de *O livro dos espíritos*, Kardec interroga os mensageiros:

"Têm sexo os espíritos?"

Resposta:

"Não como o entendeis, pois que os sexos dependem da constituição orgânica. Há entre eles amor e simpatia, mas baseados na concordância dos sentimentos."

A questão diz respeito a sexo entre casais no mundo dos espíritos, contudo, esse relato se refere a alguém excessivamente vinculado à materialidade, ignora a sua condição de espírito desencarnado e utiliza o campo fluídico-energético dos familiares, no caso, o da esposa.

O CENTURIÃO

Há poucos quilômetros da Fazenda Eureka, residia uma família numerosa com um dos filhos portador de atrofia das pernas. Para completar o sofrimento, apenas balbuciava alguns vocábulos, difíceis de serem entendidos. Locomovia-se com muita dificuldade, mãos apoiadas ao chão, protegidas por luvas de couro.

Apesar das deficiências, sentia prazer em relacionar-se e comparecia regularmente às reuniões doutrinárias. O semblante irradiava alegria e bem-estar entre nós.

Perguntado por um dos freqüentadores se apreciava o trabalho dos amigos espirituais, a resposta foi qual um guincho, seguido de mal pronunciadas palavras:

– Sim,... os...os... es... es... pí... ri... ri... tos...

Na reunião de ectoplasmia, manifestou-se uma entidade por Fábio Machado e revelou:

– O irmãozinho sofre, há séculos, a injunção da deformidade física, mas o seu calvário chega ao fim. Foi um destacado oficial militar, contemporâneo do Mestre Jesus. Mergulhado na ignorância, o seu espírito cristalizou o orgulho, a arrogância e deu-se a eliminar, com deleite e crueldade, centenas de vidas dos primeiros cristãos e dos infratores da lei temporal. Esta será a última existência no corpo desfigurado. É a ovelha que volve renascida ao rebanho do Senhor.

Sabemos que todo efeito provém de uma causa. A lei natural oferece a mais perfeita e bem acabada justiça, que não nos premia ou pune, mas educa, e destina-se à reparação das lesões à sua ordenação.

Licério – o seu nome – apresentava na infância porte e gestos marciais, movimentava os braços e o olhar como à frente de um batalhão. Certa feita, alguém o presenteara com um velho quepe militar. Colocado à cabeça, empertigava o peito e assumia postura de comando. Muitos riam da situação grotesca, o que mais o estimulava à imitação.

A presença do rapaz em nosso grupo trouxe-me à lembrança o livro *Jesus*, de Charles Aches, que narra a vida de um centurião de nome Licerius.

Doação

Guardo na lembrança o dia em que meu pai se doou inteiramente e restabeleceu-me a vida.

Na infância, atacou-me um cão infectado pelo vírus da raiva. Levado ao hospital fui imediatamente internado. O médico prescreveu a medicação e recomendou à enfermagem observação durante uma semana.

Ao fim do prazo, como reagisse bem, tive permissão para regressar à casa e prosseguir o tratamento com injeções intravenosas.

Meu pai, sempre criterioso, usava de máximo desvelo para cumprir a instrução. O desagradável porém aconteceu. Em seguida a uma aplicação, ocorreu-me uma sensação de síncope, a língua perdeu a sensibilidade, lábios e olhos adquiriram coloração azulada. Muito aflita, mamãe dizia: "Ele vai morrer!" A despeito do ocorrido, Jerry, calmo, tentava em vão tranqüilizá-la.

Sob intenso mal-estar eu tudo ouvia sem conseguir falar nem entender o que se passava. Meu pai se esforçava na aplicação prolongada de passes longitudinais, que se iniciavam pela cabeça, desciam ao tórax, ao plexo solar (estômago) até os pés, e aqueciam-me como fogo. Por fim, completamente extenuado, assentou-se a transpirar. Imediatamente, pus-me a expelir pela boca placas de sangue. Lentamente, consegui recuperar-me. Experiência crucial e bastante sofrida para os meus pais.

O passe espírita é transfusão de energias psíquicas em que ocorre a associação da energia psicomagnética do médium com a do espírito. Sempre que nos dispomos a aplicá-lo – um momento especial de doação – nossa mente deve sintonizar com os planos mais elevados e assim receber o suporte de que carecemos.

Como nos ensina Emmanuel, em *Opinião espírita*, "O passe não é unicamente transfusão de energias anímicas. Também é o equilibrante ideal da mente, apoio eficaz de todos os tratamentos".

Correram 36 anos. Ambos morávamos em cidades distantes e como sua saúde estivesse comprometida pretendi trazê-lo para minha companhia, a fim de se recuperar.

Em sua casa, retornado há pouco do hospital, disse sentir-se enfraquecido e se deitou. Pouco depois, pediu que lhe ministrasse um passe. Pleno de amor àquele ser tão querido, empunhei as mãos e plasmei a imagem das curas de Jesus. De imediato recebi a intuição: "Ontem ele lhe deu energias com amor para a continuação de sua vida na Terra; hoje, você retribui ao permitir-lhe mais alguns dias na carne".

Preferi não retornar com Jerry, conforme planejara, no aguardo de sua recuperação. Dias depois, enviei meu filho para trazê-lo. Bem disposto e animado fez a caminhada habitual, passeou com os netos, teve um dia agradável.

Na madrugada do dia seguinte, papai retornou ao mundo dos espíritos[1], conforme a intuição recebida.

---

1 *Ver "Demonstrações de Imortalidade" (Pág. 43).*

Despreparo

Em meados da década de 40, funcionava na capital mineira um centro espírita, que exibia resquícios do fausto monarquista na pompa da decoração. No vasto salão, extensa mesa em carvalho com pequenas placas de latão gravadas com os nomes do presidente e dos médiuns nos lugares a eles reservados. Cadeiras confortáveis artisticamente trabalhadas, reposteiros de veludo, paredes forradas em papel francês, assoalho em madeira de lei concorriam para o requinte do ambiente. Os elegantes e bem trajados freqüentadores, considerados a nata espiritista da cidade, ávidos de manifestações ruidosas nas reuniões de desobsessão, procediam como se fossem elas peças teatrais.

Outrora, um centro modesto em bairro pobre da periferia, despretensioso, aconchegante, pregava com simplicidade o Evangelho para o povo humilde. A caridade, o esclarecimento, a consolação compunham a tônica dos trabalhos. A mudança de endereço e de orientação, no entanto, elitizou a instituição e permitiu que a invigilância abrisse graves fendas em suas defesas.

A reunião se inicia.

O presidente encarece o concurso de todos para os labores da noite. Finda a prece, o público aguarda ansioso as comunicações dos espíritos. O dirigente insiste na mentalização dos médiuns.

Longa espera. Por fim, uma entidade se comunica. Apresenta-se como mentor da instituição e saúda mansamente:

– A paz de Jesus com todos!

Elogia os trabalhos e pede que mantenham a confiança nos emissários do Plano Maior, sustentáculo daquelas tarefas.

Vaidoso, o orientador da reunião exagera nas reverências e agradecimentos.

Em seguida, outra entidade se apresenta. Com doces palavras, exalta o valor do presidente, sua dedicação à causa espírita, mas adverte-o para se acautelar com quem o antecedeu, pois se trata de um mistificador.

Perplexo, o dirigente emudece.

Ágil, a primeira entidade retruca veemente pelo médium:

– Irmão presidente, o mistificador é ele!

A segunda reage com energia:

– Vou provar que sou o "guia" da casa e não você!

Lançada a confusão, o doutrinador fraqueja, não sabe como tratar o acontecimento inédito. O semblante grave e impávido se desmorona.

No salão, os pescoços não cabem mais de tanto esticar. Grupos vibram com o embate, tomam partido dos dois espíritos como torcedores em uma competição esportiva qualquer.

Cumprindo a ameaça, dá-se, então, um fenômeno de efeito físico. Atrás do médium espouca forte clarão, como um relâmpago, iluminando o ambiente. Assustam-se todos. Cochichos, depois temores e silêncio tumular.

Desafiada, a outra entidade decide apresentar também suas credenciais: outra explosão e maior a intensidade!

Apavorados, os freqüentadores fogem em atabalhoada correria. Cadeiras derrubadas, bengalas caídas, leques, chapéus e pacotes abandonados...

Finda a demonstração de "poder", restam apenas poucos e assustados médiuns refugiados sob a luxuosa mesa.

A reunião é rapidamente encerrada.

As portas daquele centro, tão exuberante e elitista, nunca mais se abriram...

O orgulho e a vaidade são grandes empeços ao progresso da Humanidade. Por outro lado, devemos observar que, concomitantemente com o estudo da doutrina espírita, é necessário empreender a reforma moral dos participantes e freqüentadores das atividades da instituição. Kardec ensina que o verdadeiro espírita é reconhecido pela sua transformação moral e pelos esforços que empreende para domar as más inclinações.

O EMPREGO

Na minha juventude, os interioranos que quisessem estudar além do curso primário, precisavam ir às grandes cidades. Assim, transferi-me de Caratinga para Belo Horizonte.

Na capital, além das atividades escolares, freqüentava as reuniões de materialização do Grupo Scheilla, conduzidas pelos espíritos José Grosso, Scheilla, Joseph Gleber, Palminha e outros amigos queridos.

Ao completar 21 anos, decidi me tornar independente. Iria trabalhar e dispensaria a mesada de meu pai. Para surpresa e frustração, logo descobri que não havia empregos. Por mais de dois meses, incansável na procura diária sem sucesso já não mais sabia o que fazer.

Acabrunhado, compareci à reunião do Grupo Scheilla, indeciso em mudar para outra cidade ou retornar à mesada.

José Grosso, ciente da inquietação, orientou-me a nada decidir no momento e prosseguiu no atendimento ao público.

Terminados os trabalhos, recolhi na cabine do médium algumas quadras daquele espírito amigo renovando-me o ânimo.

Dia seguinte, quase sete horas da manhã, acordei com um chamado insistente: "Dante! Dante!" Preparei-me e fui confiante para o centro da cidade.

Na Rua Espírito Santo, esquina com Tupinambás, despertou-me a atenção o sugestivo nome de um estabelecimento: Papelaria Confiança. Atraído, aproximei-me. A porta de aço estava semi-aberta, o expediente não havia iniciado. Lancei o olhar para o interior e divisei ao fundo um senhor por detrás de uma escrivaninha. Caminhei em sua direção. Olhos fixos em mim, semblante alegre.

– Bom-dia! – cumprimentei-o.

– Está à procura de emprego, não é? – indagou sorridente.

Surpreso e em silêncio dele ouvi:

– Esta noite, eu sonhei com você. Exatamente como está, aqui na loja, de pé, em busca de trabalho. Pois você o terá!

Admissão combinada, iniciei no dia seguinte.

Na reunião imediata do Grupo Scheilla, o espírito José Grosso indagou de sopetão:

– Satisfeito, Dante? Conseguiu o que queria?

O médium Fábio Machado quis saber do amigo espiritual como ele produzira aquele fenômeno.

– Eu projetei a imagem do Dante na mente do comerciante quando ele estava em desdobramento e o tornei acessível às pretensões do companheiro. Um fenômeno de ideoplastia – disse o querido amigo.

Fatos como esse acontecem com freqüência, mas quase sempre nos passam despercebidos.

A resposta à questão 459 de *O livro dos espíritos*, informa que os benfeitores da outra dimensão interferem em nossos pensamentos e atos "muito mais do que imaginais. Influem a tal ponto, que de ordinário são eles que vos dirigem."

Fenômenos na Filadélfia

No mês de junho de 1969, os Estados Unidos me envolveram completamente. Residia na cidade de Filadélfia, Estado da Pensilvânia, no terceiro andar de um prédio de propriedade de um italiano, que ocupava o térreo com as três filhas. Muito educadas e solícitas, logo tornamo-nos amigos. Diariamente, ao regressar do trabalho, aguardavam-me para saber do meu dia. Instruíam-me sobre os costumes do país, providências, compras, cuidados, noticiário dos jornais e da TV, enfim, bastante cooperativas. Embora americanas, sabiam das dificuldades do imigrante, em razão da experiência dos pais.

Passadas algumas semanas, sentia a impressão de que alguém me acompanhava ao subir a escada para o quarto. Com o tempo, acabei por me habituar. Face à vivência e à compreensão dos fenômenos espíritas, as manifestações do invisível não me inquietavam.

Certa noite, bastante cansado, logo adormeci. Em desdobramento encontrei um espírito a vagar no quarto. Nervoso, agitado, ordenou:

– Saia, eu não o quero aqui! Saia!

Expressava–se em italiano, e o entendia perfeitamente. Repliquei:

– Não vou sair. O que você tem contra mim?

– Nada, mas não o quero aqui! – e tomou a direção do corredor.

Na tarde seguinte, indaguei às moças:

– Morou alguém aqui, com mais de trinta anos, já falecido?

– Por que pergunta? – exclamaram surpresas.

– Digam–me, por favor – insisti.

– Sim, morou um alfaiate, italiano, boa pessoa. Faleceu de ataque cardíaco ao subir a escada. Por quê?

– Ontem à noite conversei com ele. Está confuso, ignora que "morreu" e me quer fora daqui.

– Dante, você acha isso possível?

– Por que não?

Católicas, as moças disseram ter lido obras de um pastor, testemunha dos fenômenos produzidos com as irmãs Fox, em Hydesville, Nova York.

Notei o interesse de ambas e disse do desejo de localizar uma instituição espiritualista, por saber não existir centro espírita na região ou talvez no país. Elas mencionaram a Igreja Espiritualista Americana, no centro de Filadélfia, e se mostraram interessadas em conhecê–la.

Oito horas da noite de uma sexta–feira. Iniciada a reunião, a sensitiva, diante dos assistentes, descrevia os espíritos que os acompanhavam. Comigo pôs–se em silêncio. O ministro, assim chamado o dirigente, adiantou–se:

– Pode deixar, eu mesmo farei a revelação – e iniciou:

– Você veio de um país muito grande e pertence ao movimento "espiritual" de lá. Vejo seus avós paternos (não os conheci, desencarnaram em Nova York). Dizem que você irá a sua pátria, mas retornará aos Estados Unidos, pois terá longa tarefa a cumprir. Vejo, também, um espírito, desencarnado aos 86 anos, que o tem em grande estima, mas não entendo o seu idioma.

Terminada a reunião, o ministro sinalizou para que o aguardasse e foi à porta despedir-se dos fiéis, hábito das igrejas americanas. Esvaziado o recinto, trouxe pequeno arquivo, a pedido de seu guia espiritual, com fotos de materializações de espíritos produzidas na Inglaterra e nos Estados Unidos. Entendi que o mentor sabia da minha vivência e interesse no assunto.

Um ano depois, em 1970, voltei ao Brasil para me casar. No aeroporto do Rio de Janeiro, encontrei um confrade que falou do movimento espírita pátrio e do meu grande amigo e companheiro de doutrina Jacques Aboab, desencarnado aos 86 anos. Narrei-lhe, então, os fatos ocorridos na reunião da Igreja Espiritualista Americana e presumimos que a entidade referida pelo ministro poderia ser o querido Jacques.

O capítulo XIV, item 159, de *O livro dos médiuns* esclarece que "Todo aquele que sente, num grau qualquer, a influência dos espíritos é, por esse fato, médium. Essa faculdade é inerente ao homem; não constitui, portanto, um privilégio exclusivo."

Entendemos, portanto, que a mediunidade tanto pode ser manifestada entre os membros de outras denominações religiosas, quanto àqueles que não possuem crença alguma.

Os fatos aqui descritos demonstram a universalidade das comunicações dos espíritos, em que Kardec se apoiou nas entrevistas com diversos médiuns.

Há muitos anos, empenho-me na fundação e no desenvolvimento de núcleos espiritistas em Massachusetts, Estados Unidos, onde residi. Seria essa a "longa tarefa a cumprir", conforme a revelação do guia espiritual do pastor?

VAIDADE

O estudo e o exercício da doutrina espírita, além de disciplina, responsabilidade, discernimento, humildade, união, boa vontade são alguns dos requisitos essenciais à qualidade e êxito dos trabalhos mediúnicos.

A narrativa a seguir exprime um alerta a nós, militantes do espiritismo, em especial aos que exercemos a direção de grupos.

Numa cidade do interior de Minas havia um centro espírita que realizava reuniões de desobsessão com entrada livre e grande assistência. Pouca relevância, no entanto, se dava à análise das obras basilares de Kardec. O dirigente, cultor da soberba e da empáfia, não conhecia a humildade evangélica.

Um viajante, sabedor da instituição, decidiu visitá-la. Ao chegar, surpreendeu-se com o elevado número de freqüentadores de atividade necessariamente reservada. Anuncia a condição de membro da diretoria da União Espírita Mineira e obtém permissão para assistir aos trabalhos.

O visitante é convidado à mesa. Ao público ansioso o dirigente pede silêncio; aos médiuns, concentração. Minutos depois, risos e gargalhadas de alguém mediunizado. O dirigente interrompe-o:

– De que ri o irmão?

– Ora, eu disse aos meus companheiros que um dia a nossa farsa cansaria! Este lugar agora está muito monótono – respondeu.

O visitante, movido pela experiência, solicita a palavra e pede ao espírito esclareça a sua fala.

– Cansamos de enganar esses bobos! A tapeação já perdeu a graça, então propus aos meus companheiros procurar outro lugar para nos divertir, mas eles não quiseram, gostaram daqui! – e gargalhava.

Por outro médium uma entidade se dirige ao colega:

– Cale a boca, você não sabe o que fala!

Sereno, o visitante interfere na discussão:

– Pelo que vejo, o irmão...

– Que irmão nada! – corta o espírito – Vou contar o que acontece aqui. Este bando de palermas na mesa pensa que sabe tudo, mas nada sabe. No princípio, o acesso foi difícil, depois a porta se escancarou e agora nós é que somos os guias deles! Mas, a brincadeira já cansou! Basta!

O forasteiro conclama a assistência para emitir os melhores sentimentos e rogar a Jesus em favor daquelas entidades, que apenas querem se divertir.

Longo silêncio. Nenhuma manifestação do invisível.

Abatido, o doutrinador se ergue lentamente, olhos revirados para o alto. De braços abertos exclama magoado:

– Oh, Senhor, nós Te pedimos pão e mandaste–nos pedras!

A reunião é encerrada sem a prece final.

O triste episódio demonstra que onde campeia a vaidade e o desconhecimento doutrinário haverá sempre oportunidade para irmãos equivocados atuarem, fortalecidos em nossos erros e fraquezas. Só o estudo atento do espiritismo nos dá a compreensão de que a reunião mediúnica de desobsessão tem caráter privativo, de atendimento a espíritos enfermos. Franqueá-la ao público é o mesmo que abrir as portas do hospital e expor as mazelas dos pacientes à curiosidade alheia.

O PODER DA PRECE

Integrado profissional e socialmente nos Estados Unidos, minha vida estava organizada. Residente em Somerville, Massachusetts, participava do Grupo Espírita Caminho, Verdade e Vida, entre outros, que concluíra um ano de atividades produtivas.

Certa noite fui surpreendido por forte mal-estar. A cabeça parecia girar, sentia-me desfalecer. Enquanto os familiares solicitavam a ambulância, elevei o pensamento a Jesus, e roguei inspirasse os médicos na melhor conduta.

A piora, no entanto, estava em curso. No ingresso no hospital, já não mais reconhecia os meus, sequer raciocinava. Embotado e apático, assistia apenas a movimentação nos corredores, sem nada atinar.

Atenderam-me rapidamente e solicitaram autorização da esposa para a coleta de líquido raquidiano. Após a análise do material, decidiram por minha transferência para o Massachusetts General Hospital, em Boston, um dos melhores do país.

Lá, a equipe médica já me aguardava. O diagnóstico dera conta de um aneurisma, com indicação cirúrgica. Imediatamente conduziram-me à unidade de tratamento intensivo e iniciaram os procedimentos de urgência.

Horas mais tarde, debelada a crise, retornei à lucidez. Na parede, o relógio apontava uma hora e vinte minutos da madrugada. Pouco depois, recebi a visita de uma enfermeira. Enquanto conversávamos, substituía os frascos de medicação intravenosa semi-esvaziados. Regulou o fluxo para gotejar lentamente e deixou o ambiente em penumbra.

Súbito, alguém se aproxima. Estatura além da média americana, pele clara, quarenta e cinco anos, talvez, terno marrom. Acena com leve sorriso e me desperta a atenção a simpatia irradiante. Acreditei-o médico, mesmo sem a vestimenta própria.

Em um dos frascos aumentou a velocidade de gotejamento. Contornou o leito e procedeu igualmente com o outro frasco. Senti acelerar os batimentos cardíacos e comuniquei o desconforto. Sem nada dizer, mantinha o sorriso nos lábios, a fisionomia serena. Movia-se vagarosamente no ambiente e sua tranqüilidade inspirava segurança. Na parede, monitores exibiam a atividade cardíaca e outros sinais vitais. Pouco depois, o estranho reduziu os fluxos, e o coração readquiriu o batimento normal. Sereno, aproximou-se e disse uma única palavra: "Better" (melhor, em inglês). Caminhou para a saída, entre sorriso e aceno de mão.

A enfermeira retorna. Ao ver os frascos quase vazios, assusta-se:

– Oh, meu Deus! O soro quase acabou! Como isso pôde acontecer?

Relatei o ocorrido e ela indagou cética:

– Não é possível! Como é esse médico?

Descrevi–o em minúcias.

– Aqui não tem essa pessoa e ninguém entra sem identificação – disse-me. Saiu apressada e retornou acompanhada de dois médicos e quatro enfermeiras, bastante surpresos.

– Conte-nos exatamente o que aconteceu – solicitaram.

Repeti o relato. Entreolharam-se admirados. Um deles exclamou:

– Impossível! Inacreditável!

Poucos minutos antes das sete horas fui radiografado a caminho do centro cirúrgico, como último procedimento. Examinadas as novas imagens, grande reboliço! Não conseguiram localizar o aneurisma antes identificado. Para eles, outro enigma...

Intrigados, suspenderam a cirurgia e devolveram-me à UTI. Durante alguns dias seria submetido a novos exames e mantido em observação.

Decidiram avaliar-me a lucidez. Testes e perguntas cansativas, sempre as mesmas, repetidas a cada 30 minutos por diferentes profissionais: "Qual o seu nome? Sua profissão? Onde trabalha? Onde está agora? Em que cidade vive? É casado? Tem filhos? Quantos? Os nomes deles? O número do seu seguro social?"

Sabia que precisavam examinar a acuidade mental, mas aos poucos o repetitivo e fatigante inquérito levou-me à exaustão. Decidira reagir.

Entraram duas enfermeiras. A mais jovem logo atacou:

– Qual o seu nome?

– Dante Labbate – respondi entediado.

– Onde você está agora?

– Em Berlim.

Senhor Labbate, diga-me onde está! – insistiu.

– Em Berlim, já disse!

Saíram rapidamente e retornaram com o médico assistente.

– Bom dia, Dante. Como está passando?

– Muito bem, obrigado.

– Onde você está?

– Estou no Massachusetts General Hospital, em Boston.

Outras perguntas, respostas coerentes.

O médico se volta para as enfermeiras:

– Ora, o paciente está bem e lúcido!

– Sim, doutor, mas há pouco ele disse que estava em Berlim!

Riso geral.

Na quietude da UTI orava a Jesus e rogava amparo para os enfermos e para os servidores do hospital – verdadeiros apóstolos da profissão.

Após cinco dias, inicialmente diagnosticado com severo quadro de aneurisma, os exames não mais recomendavam cirurgia. Decidiram, então, transferir-me para uma unidade intermediária, destinada a pacientes em recuperação.

Pela ampla janela admirava a bela paisagem do Rio Charles, a cidade de Cambridge, os elegantes prédios de Harvard – a melhor universidade do mundo.

Entra no quarto outro médico.

– Bom-dia, senhor Dante, sou o doutor Magavel. Estou a par do seu quadro clínico e vou acompanhá-lo até a alta hospitalar, prevista para breve. A propósito, os colegas me relataram um episódio extraordinário de que teria participado recentemente. Confirma?

– Sim, doutor. E você, acredita?

– Sem dúvida!

– Isso é para tranqüilizar-me?

– Não. Há vários anos aprofundo-me nos estudos psíquicos. Eles me abriram um portal para o desconhecido.

– Então você admite que sucedeu comigo a manifestação de um espírito?

– Sem dúvida!

Era o que eu gostaria de ter ouvido dos outros médicos.

Com grande interesse, fez anotações do fato e, ao sair, perguntou:

– Dante, você é brasileiro? Pois saiba que visitei esta semana uma personalidade de seu país, internado no quarto ao lado.

– Sim? Qual o nome?

– Espere um pouco, vou verificar.

Logo retornou.

– É João Batista Figueiredo.

– Oh, é o presidente do Brasil. O que ele teve?

– Problema cardiovascular, mas ainda terá alguns anos de vida.

Antes da alta, outros médicos me quiseram ouvir a respeito da materialização de um espírito na Unidade de Tratamento Intensivo, do Massachusetts General Hospital.

É incontestável que a prece sincera nos permite sintonizar com as regiões elevadas do plano espiritual, de onde recebemos os recursos carecidos. Acima de nós, almas benfazejas e protetoras, guiadas pelo poder de nossas súplicas sinceras, autorizadas pelo Alto, intervêm providencialmente em nosso socorro.

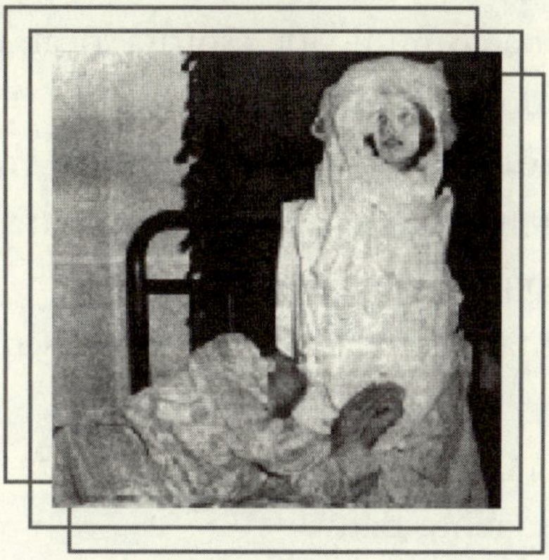

MAIS EFEITOS FÍSICOS

A União Espírita Mineira (UEM), Casa Máter do nosso movimento em Minas Gerais, exerce papel relevante na difusão da doutrina. Devotados trabalhadores lá aportam, para transmitir os verdadeiros valores e as riquezas espirituais de que o Mestre Jesus nos fala.

O dirigente daquela instituição, Bady Cury, homem íntegro, respeitado na sociedade belorizontina, encerrada a reunião mediúnica, regressa despreocupado ao lar.

Ao abrir a porta, ouve um barulho semelhante a grande quantidade de pedras lançadas sobre o telhado da casa vizinha. Seus familiares despertam assustados e Bady os tranqüiliza, talvez uma brincadeira de rapazes dos arredores. Mas, a sensibilidade psíquica rapidamente o alerta tratar-se de manifestação de efeito físico produzido por entidades do mundo espiritual.

O fenômeno se repete na noite seguinte. Bady, então, revela a origem à família e promete adotar providências. Recolhido ao leito, batem insistentemente na porta de sua casa. Chamam-lhe pelo nome e se dizem policiais. Alegam que o vizinho o acusara e aos filhos de lançarem pedras em seu telhado.

De nada valem os argumentos de Bady e conduzem-no à delegacia. O escrivão, diante do insólito, hesita em lavrar a ocorrência e solicita a presença do delegado. Com a vinda da autoridade, cumprimentos fraternos, pois ambos se relacionam na comunidade espírita local, e por demais conhecidos os valores morais do acusado.

Esclarecido o caso, o delegado o conduz de volta à residência. Mas, surpresa!... Ao chegarem, outra saraivada de pedras atinge o telhado do queixoso. Admirado, o policial comenta:

– Bady, se eu contar o que acabo de assistir será muito difícil alguém acreditar!

Na mesma semana, manifesta–se o mentor na reunião mediúnica da UEM e informa ao dirigente Bady:

– O que acontece na casa do vizinho se deve ao fato de os moradores canalizarem e dirigirem fluidos deletérios para você e sua família. Tais energias são manipuladas por espíritos malfazejos com a intenção de causar–lhes desassossego e desequilíbrio e, por extensão, atingir este templo de luz. Ademais, é sabido que nada acontece por acaso. Na outra residência ao lado, mora uma irmãzinha médium, fornecedora inconsciente de ectoplasma, a matéria–prima utilizada na produção de efeitos físicos. Disso, resulta que a casa onde são lançadas as pedras procede como embrião do ambiente psíquico favorável à manifestação de tais fenômenos. A manipulação desses elementos permite aos obsessores atuarem livremente. Roguemos a Jesus o amparo a todos.

Os ataques das trevas, contudo, não cessaram. Na federativa, os seres das sombras persistem em atacar os freqüentadores, provocar doenças e dissensões, mesmo entre os membros da diretoria.

Brilha, então, uma luz projetada da pequena Pedro Leopoldo. Com o lápis conectado ao plano maior, Chico Xavier envia à União Espírita Mineira mensagem para que vinculem os corações a Jesus e estabeleçam uma corrente de preces contra as trevas ameaçadoras.

O aviso produz coesão de sentimentos e de propósitos. A diretoria convoca uma reunião para atender aquelas entidades errantes.

Na data ajustada, antes do início dos trabalhos, os obsessores subitamente dominam um dos médiuns e o levam veloz em direção à janela. Ato contínuo é lançado à rua, de altura superior a cinco metros. Estupefatos, os participantes se apressam a socorrer o companheiro.

Tranqüilo, Bady os detém à porta e solicita confiança na espiritualidade amiga. Emocionado, roga aos mentores que retornem o médium à mesa.

Ouvem–se batidas à porta. Alguém desce as escadas e vai abrí–la. Surge no salão o projetado à rua. Calmamente dirige–se ao seu posto, incólume, impassível, tranqüilo como se nada tivesse acontecido.

Uma prece abre a reunião.

O guia esclarece que o obsessor se apoderara do medianeiro antes do início dos trabalhos, pois se assim não fosse seria obstado pela barreira fluídica que se formaria pelos componentes da mesa.

Finda a reunião, o dirigente interroga o personagem:

– Lembra–se do que aconteceu com você?

– Como? Oh, sim. Saí e dei umas voltas por aí.

– E o que mais?

– Ora, mais nada!

A União Espírita Mineira fora alvo das investidas das trevas, no entanto, a aliança, a firme disposição dos companheiros transformaram-na em muralha inexpugnável, o que favoreceu a atuação dos benfeitores espirituais.

A ação dos espíritos, ao precipitar o médium à rua – sequer feriu-se, porquanto amparado pelos mentores – pretendia desmoralizar a valorosa instituição e levá-la a cerrar as portas. Diante da impossibilidade de romper as defesas os perturbadores abandonaram a infeliz empreitada.

Sabemos ser imprescindível a mente no bem, a prece no coração, os braços em serviço, para repelirmos as influências das entidades espirituais desajustadas.

O SENTIMENTO DOS ANIMAIS

Aos dez anos presenciei uma cena extraordinária.

O sol banhava a Fazenda Eureka e espargia alegria e vida, mesmo nas pequeninas coisas. Caminhava com meu pai pela estrada que liga as cidades de Itaiumi e Tarumirim quando, pouco adiante, deparamos com um dos nossos bois zebu espojado no chão. Caíra de uma ribanceira a dez metros de altura e fraturara as pernas traseiras.

Como ocorre em acidentes dessa natureza o animal seria sacrificado por impossibilidade de cura.

Jerry solicitou a alguns colonos que o deslocassem até uma vargem próxima, onde o abateram. Conforme o costume, a carne fora retalhada e distribuída.

Coincidiu que acontecia o ajuntamento de mais de cem cabeças de gado no curral, para inspecionar ferimentos e parasitos.

Ao passarem próximo do local do abate, as rezes à frente dispararam naquela direção. A despeito dos esforços dos peões, as demais tomaram o mesmo rumo.

Deu-se então, um fato surpreendente.

A manada se dispôs em torno do sangue remanescente do companheiro. Farejava o capim, erguia a cabeça, urrava em uníssono, olhos marejados de lágrimas. Sabia que ali fora sacrificado um igual. O lamento aumentava cada vez mais, como uma ode fúnebre, sofrida, melancólica.

Comovidos, respeitamos a dor dos chamados irmãos menores. Meu pai comentou:

– Filho, os animais têm sentimento, embora restrito ao instinto.

Dirigiu–se aos peões e determinou:

– Aqui na fazenda não mais se matará qualquer animal!

Na pergunta 594a de *O livro dos espíritos*, Kardec inquire:

"Há, entretanto, animais que carecem de voz. Parece que esses nenhuma linguagem usam, não?"

A sábia resposta vem em seguida:

"Compreendem–se por outros meios. Para vos comunicardes reciprocamente, vós outros, homens, só dispondes da palavra? E os mudos? Facultada lhes sendo a vida de relação, os animais possuem meios de se prevenirem e exprimirem as sensações que experimentam. Pensais que os peixes não se entendem entre si? O homem não goza do privilégio exclusivo da linguagem. (...)."

Os espíritos também respondem a pergunta 597, do mestre lionês, na mesma obra:

"Pois que os animais possuem uma inteligência que lhes faculta certa liberdade de ação, haverá neles algum princípio independente da matéria?"

"– Há e que sobrevive ao corpo."

O BOTÃO DE ROSA

O doutor Lydio Diniz Henrique, incansável trabalhador da doutrina espírita, legou, com entusiasmo e dinamismo, o exemplo da verdadeira ação cristã. Empreendedor, implantou em 500 alqueires no planalto central goiano, a Cidade da Criança, atual Cidade da Fraternidade, graças ao patrocínio dos irmãos Afonso e Simão Bittar, e apoio do companheiro Rogério.

Em uma das reuniões do movimento fraternista, em Belo Horizonte, Lydio convidou-me à sua casa. No quintal, encontrei um maquinário desmontado, em bom estado.

Disse o amigo tê-lo recebido em doação para a marcenaria da Cidade da Criança, em construção. Aguardava apenas a possibilidade de transporte e de montagem. Tão logo produzisse comercialmente, a renda reverteria em benefício da organização.

Lydio solicitou-me transportar e instalar o equipamento no destino. Porque freqüentasse o Grupo da Fraternidade Marta Figner, em Governador Valadares, propus ali colocá-lo em operação, até que a Cidade da Criança pudesse recebê-lo.

Autorizado, pusemo-nos eu e o bom amigo Jayder na manhã seguinte a caminho de Governador Valadares, com as peças que o veículo comportava. Devido ao excesso de peso viajamos em velocidade reduzida e, às onze da noite, chegamos a Coronel Fabriciano, dispostos a descansar e a prosseguir tão logo amanhecesse.

Estacionamos próximo à delegacia de polícia, em uma rua deserta, pouco iluminada, e recostamo-nos sonolentos. Pouco depois, ouvimos leves batidas na porta do carro. Através do vidro nada vimos. Aberta a porta, encontramos uma criança, não mais de oito anos, descalça, roupinha rota. Bracinho magro estendido, ofereceu a Jayder um botão de rosa vermelha e disse:

– Eu trouxe para vocês.

Recolhendo–o, aspirou o delicado perfume e perguntou:

– Onde você conseguiu isto?

– Foi ali – e apontou. Jayder passou–o a mim e voltou o rosto para agradecer. A menina desaparecera. Não mais a vimos. Rua deserta, buscas infrutíferas...

Minhas mãos sustentavam aquela dádiva, até que me dei conta de que o botão de rosa é o símbolo da Cidade da Criança! Um frêmito percorreu-me o corpo. Imediatamente, renunciamos ao descanso e partimos ansiosos por chegar ao destino.

Supomos que a espiritualidade quisesse demonstrar apreço àquela insignificante tarefa, mas realizada com amor, em proveito das crianças.

Todo trabalho no bem, por certo, recebe a assistência do plano maior.

Chico entre dois amigos

Oito horas da noite no Centro Espírita Luiz Gonzaga, em Pedro Leopoldo, Minas Gerais.

Proferida a prece inicial, Chico Xavier empunha *O Evangelho segundo o espiritismo* e dirige–se a mim:

– Por favor, Dante, abra este livro, leia um capítulo e comente–o. E dirija a reunião.

Tomado de surpresa, indago com o olhar.

– É com você mesmo, Dante – confirma, sereno.

Muitos dos companheiros na mesa são bastante conhecedores da doutrina. Num rápido olhar diviso representantes da Federação Espírita Brasileira, da União Espírita Mineira, confrades do Rio, de São Paulo, de outros estados; eu, um jovem aprendiz, discreto participante da Mocidade Espírita Bezerra de Menezes, de Belo Horizonte. Por que o Chico me escolhera?

Abro o livro, encontro o capítulo 21: "Falsos cristos e falsos profetas". Enquanto o amoroso médium psicografa, concluo a leitura e passo à explanação. Quase ao término, alguém na assistência é tomado por uma entidade espiritual. Com palavras brandas passa a demolir o comentário e a atacar o livro em questão. Ouço-o pacientemente. Um companheiro esboça revidar, mas ergo o braço, gesticulo para que não interfira.

Em poucos minutos o espírito se retira.

O tema da leitura recebe a contribuição dos companheiros, que se revezam nos comentários. Ao término, Chico lê bela mensagem de Emmanuel e a seguir, informa:

– Meus amigos, ao iniciar a reunião, fomos ameaçados por espíritos perturbadores com o propósito de tumultuar os trabalhos. Emmanuel prontamente convocou os tarefeiros de Jesus e formou-se um escudo psíquico contra a invasão. Mesmo assim, um deles conseguiu transpô-lo devido ao elo vibratório com quem o acolheu. Indaguei a Emmanuel como Dante deveria proceder naquela circunstância. Tranqüilizou-me ao dizer que nada aconteceria e intuiu o nosso companheiro a não responder à provocação. Quando um membro na mesa quis replicar, o benfeitor amigo ergueu o braço e emitiu um jato de luz em direção a Dante, que intuitivamente reproduziu o gesto. Finda a intervenção, a reunião prosseguiu em paz.

Devido ao adiantado da hora, Chico me convidou e a Carlos Cavalcante, companheiro na mocidade espírita, para pernoitarmos em sua casa.

No céu, a lua resplandecia sobre nossas cabeças, o que ensejara a pergunta: seria habitada?

– Emmanuel nos diz que não – responde o caridoso médium. Existem, contudo, espíritos em hibernação, soterrados há séculos, no subsolo lunar. Alguns, adormecidos, em preparação para despertarem. A misericórdia divina, por intermédio de missionários, zela por eles, porque se assim não fosse, se agora viessem à Terra reencarnados no estado em que se encontram, incendiariam o planeta. São enfermos da alma, recolhidos ao hospital cósmico do Senhor.

A caminhada prossegue. Adiante, Chico nos adverte para desviarmos o olhar de um açougue, onde se encontram suspensas partes de carnes sangrentas. Curiosos, perguntamos o porquê do aviso.

– Queridos, sobre as postas retalhadas, divisei vultos escuros a elas abraçados, verdadeiros vampiros, a sugar os fluidos vitais. São irmãos cujos perispíritos deformados tentam revitalizar-se. Assim, ao desviarmos o olhar, não os atrairíamos.

Em casa, o relógio indica pouco mais de meia-noite. No modesto quarto, apenas uma grande cama antiga onde acomodamos o médium no centro. Carlos e eu assumimos os lados e entramos em sono profundo. Quando despertei, os primeiros raios de sol penetravam por uma fresta na janela. Um dos meus braços se apoiava no tórax de Chico. Lágrimas deslizavam em sua face. Carlos acordou e também percebeu o fato.

– Chico, o que aconteceu? – indagamos.

– Meus amigos, há pouco Emmanuel esteve aqui com um grupo de espíritos e ao nos ver, exclamou: "Chico, quando a humanidade vivenciará esta fraternidade tão pura e legítima que agora presenciamos?"

Após secar os olhos, o inesquecível servidor do Cristo concluiu:

– Choro porque estou feliz!

Carlos e eu lhe tomamos as mãos para um comovido beijo.

Antônio Conselheiro

Desde tempos remotos, a mediunidade é exercida pelo ser humano, vez que é parte inerente das leis da natureza. No prelúdio da formação mental do homem constituiu-se no suporte para que adquirisse intuição, necessária ao seu aprimoramento.

Na atualidade, ensaiamos vôos siderais com máquinas sofisticadas, contudo, nada mais sublime ainda do que o velho diálogo mediúnico entre a Terra e o Céu.

Em fins do século XIX, no 13 de maio de 1888, abolida a escravatura em nossa pátria, a euforia dos outrora cativos extravasava o sentimento de liberdade. Alguns, no entanto, guardavam o temor da volta ao tronco. À época, iniciara-se um movimento migratório para os estados centrais, e o leste de Minas Gerais recebia milhares de ex-traficados, que assentaram tetos em terras devolutas. Logo incorporaram usos e costumes locais.

Em 1930, meu pai adquirira uma propriedade próxima àquela região e a denominara Fazenda Eureka. Na vizinhança, constituída principalmente do "povo do 13 de maio", residia uma família, cujo chefe contava 88 anos. Homem simples, íntegro, de nação Monjolo, não tinha nome africano, atendia apenas por Antônio, conforme antigos registros da Coroa lusa.

Bastante sabido nos arredores, pois ali se abrigara pouco tempo depois da publicidade da carta de alforria, trazia consigo o sincretismo religioso de sua gente. Era, na verdade, um medianeiro da espiritualidade, depositário de notáveis recursos psíquicos. Curava doenças sem ervas ou medicamentos, fazia rezas, aconselhava, atendia os vizinhos em suas aflições. Por isso, ao nome fora acrescentado "Conselheiro". Jamais recebera vantagem de qualquer espécie, senão o carinho, o respeito e a amizade das pessoas. Agia de acordo com a máxima do Cristo: "Dai de graça o que de graça recebeste".

Antônio Conselheiro e Jerry se tornaram bons amigos. Nos encontros freqüentes, aos poucos, o liberto lhe confiava o passado. Vez por outra, da mente cansada, mas lúcida, extraía recordações doridas ou felizes, que o tempo jamais apagara.

Na juventude, ele, duas irmãs e muitos conterrâneos foram lançados ao porão de um navio. Ignoravam o porquê de tamanha violência e aonde seriam levados. Na viagem, abarrotados em local infecto, escuro, terrivelmente quente, viviam em promiscuidade entre fome, doenças e mortes. Os elos das correntes provocavam intensa dor, porém, maior a que lhe dilacerou o coração ao ver em lágrimas seus velhos pais, sabendo nunca mais encontrá-los.

Meses depois, o navio atraca. Pequena multidão aguarda os cativos no cais. Acorrentados, em fila, alcançam a praça onde se realizam leilões - eles próprios as mercadorias, escolhidas com extrema exigência e apuro. Na vez de Antônio, anunciam:

– Belo negro, jovem, robusto, boa estatura, bons dentes, descanelado!...

Aproxima–se bem trajada senhora, com enfeites e bordados, acompanhada de empertigado cavalheiro. Examinam–lhe minuciosamente, de alto a baixo, de frente, de lado, de costas. Lançada a oferta, bastante generosa, é aceita avidamente pelo sagaz leiloeiro.

Antônio embarca em rude carroção conduzido por dois robustos negros, após luxuosa carruagem. Deduz que seus 'donos' ocupam o veículo da frente.

Precisava saber o que acontecia. Por que estava ali? Aonde levaram suas irmãs? O que fariam com eles? Quem sabe aqueles dois entendessem a sua língua? Timidamente arriscou:

– Onde estou?

Entre sussurros responde um deles:

– Está no Brasil, aqui chamam de Espírito Santo. Quando chegar na senzala não diga que conversamos.

No destino, tristeza, opressão e dor. O trabalho se desenvolve arduamente na lavoura canavieira, sob sol inclemente ou chuva cortante, do nascente ao poente. Tempos depois, sabe pelos companheiros que o tráfico negreiro para o Brasil fora proibido, mas a lei descumprida, embora a vigilância das naus inglesas.

Os anos se escoam. A saudade da família lhe oprime o coração. Solitário, não obstante rodeado de sua gente, chora a dor da separação, esforça–se por manter o ânimo forte, mesmo sabendo o triste destino.

Certa madrugada, a fazenda é despertada por gritos dirigidos à casa-grande. Alguém se anuncia emissário da Coroa. Sonolento, o senhor do engenho manda que se abram as portas. Os cativos não atinam com o burburinho e, em silêncio, esforçam–se por entender o motivo da intervenção. Logo, ouvem uma voz vigorosa:

– Abram a senzala! – ordena enérgico alguém no comando. O grupo arromba as portas. Os escravos se deparam com um jovem alferes de cavalaria, uniforme garboso, envelope a mão, estampado com o timbre da Coroa. Oito escudeiros guardam a autoridade. Aberta a sobrecarta, faz a leitura da Lei Áurea que declara extinta a escravatura no Brasil. Enfim, todos livres!

Alegria para muitos, incerteza para outros. Sem saber aonde ir, o que fazer, ficam a cismar. Os mais afoitos deixam o engenho, sem rumo, apenas para usufruir a liberdade. Para os fazendeiros, o caos. Quem se ocupará da lavoura, dos animais, dos pastos, da habitação, do serviço bruto? Quem lhes manterá o conforto, o ócio, as conveniências?

A fim de garantir a permanência dos remanescentes, os proprietários criam pequeno salário e concedem-lhes relativa independência. Antônio Conselheiro se acomoda temporariamente na fazenda.

Oito meses no corte de cana, o coração bate forte por uma bela negra faceira, que bem sabe manejar o cutelo. E faze-o com tamanha destreza que causa admiração.

Longe do feitor, aproxima–se, explícito:

– Quer ser minha companheira?

Tímida, sussurra:

– Quero!

Enquanto Conselheiro narrava esse fato os olhos brilhavam, exibiam a felicidade da conquista e do longo convívio com a mulher, 14 anos mais nova.

Antônio era uma usina de fenômenos psíquicos a deslumbrar o povo da região. Jovem ainda eu os assistia extasiado.

Certa feita, o capataz da fazenda avisou a Jerry que o pasto estava esmaecido, em mau estado, ameaçava não alimentar o gado. No local descobriram, entre a vegetação e o solo, uma substância viscosa, espumante, por eles desconhecida. De início, atribuíram a fortes chuvas, no entanto, por muito tempo não deitava água. Os agregados sugeriram convocar Conselheiro, provavelmente saberia o que fazer.

O homem examinou atento o capim. Pediu uma espiga de milho, retirou as primeiras palhas e escolheu a mais tenra., Separou–a em três partes iguais, mãos trêmulas, debilitadas pelos muitos anos de vida. Em seguida, ergueu os braços em direção ao pasto e abaixou–os, à maneira de quem puxa algo. Tirou do bolso uma das palhas, deu um nó no meio e lançou–a para trás, sem olhar. Entre sussurros ininteligíveis – quiçá alguma reza em sua língua nativa – repetiu o mesmo ritual com as partes restantes. Ao término, decretou:

– Amanhã o pasto estará livre, sem espuma.

Ao amanhecer, meu pai e o capataz, ansiosos, passos largos, vão ao local.

– 'Seu' Jerry, o capim está seco! Não tem mais praga!

Em outra ocasião, o sol de verão e a longa estiagem castigavam as plantações. O capataz entra afobado e avisa que um incêndio no morro avança rapidamente e ameaça a plantação. Jerry requisita o Conselheiro. O sábio toma uma espiga de milho e repete idêntica cerimônia a que já assistíramos: rezas, palha tenra separada em três partes, amarradas no meio, lançadas de cada vez, pelos ombros.

Mas, o fogo cresce e alcança as copas das árvores maiores.

– Conselheiro, o fogo aumentou! – exclama assustado meu pai.

– Meu Deus, fiz a reza errada! Depressa, outra espiga!

Suas mãos parecem mais trêmulas enquanto reinicia a prática. Ao lançar a última palha o fogo se extingue. O pobre homem transpira aos borbotões. Dominaria também os elementos da natureza?

Tempos depois, o cavalo Poeta exibe extensa ferida, infestada de vermes. Conselheiro se apresenta e vão todos à estrebaria. O animal padece de ulceração na garupa, a drenar escura salmoura. Aspecto horrível, repugnante.

O curador, palhas a mão, inicia a rezar baixinho, olhos fixos na chaga. Joga para trás a primeira palha. Espantado, o grupo vê grande quantidade de vermes precipitarem–se ao solo; a segunda palha, outros mais continuam a cair. Em pouco tempo, nenhum sinal deles. Antônio lança a última palha. Do ferimento, escorre um líquido esverdeado escuro, a exalar forte odor. Finda a intervenção, afirma que a cicatrização logo se dará, o que de fato aconteceu.

A cada dia, Jerry mais admirava o potencial mediúnico daquele homem simples, que não alardeava os talentos ou deles se envaidecia.

Eu, jovem ainda, por não conhecer o espiritismo, intrigava–me a razão do seu sucesso.

Meu pai quisera saber como ele adquirira o poder de curar e mesmo de interferir em a natureza. Semblante plácido, como de costume, fita os olhos de Jerry e revela:

– Herdei a sabedoria de meus pais, que a receberam de meus avós e, estes, dos ancestrais. É nossa tradição invocar as almas boas do espaço, sempre dispostas a ajudar, mas não devemos atrair as más.

– Conselheiro, você já cometeu alguma ação reprovável com os seus recursos? Por exemplo, fazer secar e morrer uma árvore? – indagou Jerry.

– Sim, fiz isso quando jovem, mas meu pai me repreendeu e disse que as árvores pertencem a Deus.

– Pois eu gostaria que você secasse aquele mamoeiro.

Antônio reluta bastante. Insistido várias vezes, finalmente cede contrariado. Olha fixo para a planta e com um movimento rápido abre os braços e determina:

– Esta árvore morrerá amanhã! – e conclui:

– Eu trabalho apenas para o bem das pessoas em nome de Nosso Senhor Jesus Cristo! – e deixa o amigo absorto em seus pensamentos sobre a ética do amigo e o magnetismo espiritual.

Dias depois, sol claro, brisa amena, surge à distância o vulto de Conselheiro. Sem pressa, parece desfrutar do frescor da manhã primaveril. Após os cumprimentos, pergunta:

– E o mamoeiro, 'seu' Jerry?

– Ora, você o secou! – respondeu com um largo sorriso.

– Sim, mas a seu pedido...

– A propósito, Antônio, o seu sítio não tem cercas. Os animais não saem e os dos vizinhos não entram. Como é possível?

– Quando menino, na África, eu brincava com meu cachorro e um gatinho ao redor da palhoça. Corriam incansáveis por todos os lados, brigavam, faziam barulho, derrubavam objetos, tiravam o sossego de meus pais. Imaginei, então, algo para contê–los e tracei mentalmente um cercado, para os dois animais. Em seguida, fui atender minha mãe por longo tempo. Quando me lembrei dos bichos voltei depressa onde os havia deixado, mas ainda permaneciam confinados no quadrado imaginário. Impressionadas, as irmãs contaram para meus pais, que pediram para repetir o feito. Prendi, então, o gato, o cachorro e uma galinha. Papai tentava afugentá–los, jogava pedrinhas, mas dali não saíam.

– Ainda faz isso, Conselheiro? – perguntou Jerry.

– Meu sítio não tem cercas, você não as vê, ao contrário dos animais. A propósito, conhece o compadre Teodoro?

– Aquele que mora no sítio Beija–Flor?

– Ele mesmo. Éramos do mesmo povoado na África e sofremos juntos no cativeiro. Libertos, Teodoro se esforçava muito em sua propriedade, mas não tinha forças para trabalhar; lutava para viver que nem árvore quando perde a casca. Sem dinheiro, pediu–me uma cerca igual a minha, em suas terras. Condoído, decidi ajudá–lo. Munido de palhinhas, percorri o enorme terreno, enquanto projetava mentalmente o cercado. Criei uma porteira imaginária para a passagem do gado, e para abrí–la bastava usar o pensamento. Mantive a casa do compadre fora da cerca, mas ele temia não saber controlar a entrada invisível. Por fim, convenci–o de que somente ele passaria, não os animais, o que ainda acontece.

Esses e outros fatos o velho Conselheiro narrava apenas àqueles que preferiam discutir a causa dos fenômenos, ao contrário dos interessados somente em assistir os efeitos.

Anos depois, descobri, com a ajuda da Terceira Revelação, que Antônio Conselheiro utilizava, inconscientemente, as energias cósmicas, as quais, por demais plásticas, podem ser condensadas e submetidas aos poderes da mente. Era o que fazia o talentoso médium. As palhas de que se servia durante os rituais eram simbólicas, sem conseqüência. As cercas invisíveis, os animais podiam vê–las por meio de suas forças intuitivas.

Para melhor entender o arsenal das energias mentais, façamos uma analogia com a criação da colônia Nosso Lar. André Luiz, pelo lápis magistral de Chico Xavier, informa que essa antiga cidade espiritual é obra da criação mental de alguns dos primitivos portugueses desencarnados no Brasil, no século XVI. Vale lembrar que o Mestre Jesus condensava e materializava energias cósmicas para produzir fenômenos, como o da multiplicação de pães e de peixes. Inteligências cristalizadas no mal também utilizam essas energias, no entanto, sob limites restritos.

André Luiz, em *Libertação*, descreve o reduto do sinistro personagem Gregório, elaborado de matéria cósmica manipulada por sua mente doentia.

A OBSESSÃO DE JD

Próximo ao Triângulo Mineiro localiza-se Patos de Minas, cidade simpática, povo alegre, acolhedor. Ali tornei-me amigo de J.D., ser humano de caráter irrepreensível. Devo mantê-lo no anonimato, posto que ainda se encontra no vaso carnal, em cumprimento à missão de médium espírita.

Confessou-me, certa vez, acalentar por mais de quatro décadas o desejo de revelar passagens de sua vida pródiga de fenômenos psíquicos, e considerava-me a pessoa indicada para extravasar essas confidências.

Noite seguinte, reunimo-nos em seu escritório. Sem rodeios, iniciou:

– "Na infância, sofria muito com o tratamento recebido de meu pai. Além de castigos pesados e corporais, obrigava-me a trabalhos na lavoura incompatíveis com minha idade e forças. Quando sucedia ferir-me, não era medicado ou interrompia o serviço. E outros absurdos inconcebíveis que um pai faça ao filho!

Na adolescência, alimentava o sentimento de ódio contra aquele que me dera a vida. Como se não bastasse, surgiam-me figuras monstruosas com forma humana ou animal. Sentia medo, mas reprimido, sem diálogo em casa, nada revelava. Com o passar do tempo, as aparições não mais me assustavam e enfrentava–as sem temor. Uma delas, de cor escura e olhos esbugalhados, vermelhos como brasa, mais me perseguia. Em um pôr-do-sol, surgiu-me à curta distância. Seus olhos pareciam maiores, faiscavam intensamente. Entre gargalhadas, desafiava-me:

– Se não tem medo, vem me pegar!

– Você vai fugir – respondi.

O obsessor negou. Cansado do assédio, enchi–me de coragem, própria de adolescente, e avancei a passos rápidos. Ele, estático, braços cruzados, zombeteiro. Fechei a mão e desferi-lhe violento golpe no tórax. Estupefato, vi a mão transpassar-lhe. O espírito exclamou:

– É, você não tem medo, é um dos nossos. Mesmo assim vou prepararlhe uma surpresa.

Decidi retornar à casa. Na penumbra ainda conseguia enxergar o caminho, mas precisava vencer um pequeno bosque escuro. Mal avancei, ouvi um grunhido tenebroso. Enorme animal como porco, monstruosamente deformado, avançou em minha direção. Tive ânsia de fugir, mas uma força maior me impediu e decidi enfrentá-lo. Avancei em sua direção e logo desapareceu."

J.D. narra outro fato:

– "Tempos depois, conheci o dirigente de um terreiro de umbanda. Disse que eu era médium vidente e convidou–me para assistir a uma sessão. Recebido com carinho, ouvi dele que me via bastante 'carregado', mas eu iria saber o porquê das agruras com meu pai.

Iniciados os trabalhos, o chefe do terreiro abriu os ritos. Em poucos minutos, foi tomado por uma entidade que me anunciou:

– 'Meuzinho', tudo que o atormenta é obra de espíritos trevosos que o querem usar para o mal. Exemplo disso é o ressentimento com o seu pai – ele serve de isca e você de peixe, atacam-no por intermédio dele. Mas, o desassombro e os valores morais de que você é portador impede os obsessores de subjugá–lo. Além disso, na medida do permitido, recebe o amparo de espíritos do bem. A partir de agora a sua vida mudará. Ao sair daqui retorne ao seu pai, ao seio da família e vivam em paz, com muito amor.

Pus–me a caminho de casa bastante aliviado, desoprimido, alegre, mesmo feliz, como não acontecia. Papai me recebeu com largo sorriso:

– Filho, por onde andava? Já é tarde, estava à sua espera. Venha cá!

Envolveu-me em um abraço – o que não fazia – e disse comovido:

– Eu te amo, filho!

A demonstração de ternura foi a recompensa pelos anos de dor, de agonia, a súplica de perdão pelos maus–tratos. Felizmente sublimei os acontecimentos, graças ao estudo e ao exercício dos princípios da nossa doutrina libertadora."

Desoprimido do silêncio por tantos anos, J.D. agradeceu por lhe ouvir e despedimo-nos com emocionado abraço.

A característica da perseguição espiritual ao amigo configura outro caso de zoantropia. A "surpresa", aprontada pelo ente do mal para assustá-lo, fora produzida pela própria entidade, mediante indução magnética, ao criar mentalmente a metamorfose perispirítica.

TRANSCOMUNICAÇÃO

Ao transferir–me para a cidade de Patos de Minas, decidi pesquisar os fenômenos da transcomunicação. Sem intenção de provar ou comprová–los, que os sabia verídicos, mas de trazer notícias, mensagens de conforto àqueles que aqui ficaram saudosos dos seus queridos, que volveram ao plano invisível.

Os equipamentos utilizados para esse fim têm a propriedade de penetrar em determinada dimensão do campo magnético, o que permite a comunicação dos espíritos com os encarnados, por meio de som e de imagem, fato ainda sob investigação de estudiosos.

Inicialmente, procurei reunir-me com pessoas interessadas. Convidei um telegrafista aposentado, ativo na doutrina espírita, de nome Adélio. Durante muito tempo estudamos minuciosamente as pesquisas consagradas e, estabelecidas as diretrizes, concluímos quanto à necessidade de apoio de alguém com experiência em gravação de som. Adélio tinha a pessoa certa: um técnico de áudio da emissora de rádio da cidade. Convidado, Evanir se dispôs a participar.

No dia imediato, recebemos outro integrante: universitária, inteligente, inquiridora, de nome Nelma, filha de Adélio.

Tudo preparado, munidos de um gravador de som com duas rotações, rumamos à noite para fora da cidade. Longe dos ruídos, às margens do Paranaíba, iniciamos o registro e, em máximo silêncio, aguardamos a manifestação dos espíritos. No céu, a lua ora despontava, ora desaparecia. A quietude era tamanha que percebíamos as nossas respirações e o leve sussurrar das águas do rio. Vez por outra, o vento repercutia longínquos e abafados latidos.

Por quarenta minutos, a fita correu em rotação normal. Ao reproduzi-la, apenas os sons dos cães. Mais adiante, entretanto, um ruído estranho, igual zumbido arrastado.

Nelma comentou: "Que barulho esquisito!"

Ao trocar a velocidade de reprodução para lenta, os sons soavam claros e intensos. Eram uivos prolongados, de angustia, de sofrimento. Olhares assustados e interrogativos se voltaram para mim. Amedrontada, Nelma segurava com força o braço do pai.

Estranhamente, os gemidos cada vez mais se aproximavam do alto-falante. Diante do temor dos companheiros, desliguei o gravador e retornamos à cidade.

Acomodados no carro, Evanir se mostrava inconformado:

– Não consigo entender o que aconteceu. Transcende os meus conhecimentos!

O fenômeno registrado é esclarecido à luz da doutrina espírita. Narra André Luiz, ainda em *Libertação*, o domínio hipnótico exercido pelo espírito Gregório em uma entidade feminina, condicionando-a a proceder como se loba fosse, em razão das características de plasticidade e elasticidade do perispírito. Concluí, então, que durante a gravação infiltraram-se seres com os perispíritos transfigurados em animais, cujas formas foram modeladas por eles ou por outras entidades.

Passados cinco dias, repetimos a experiência. Desta vez, mais afastados da cidade. Local ermo, sem qualquer interferência sonora. Nenhum ruído, por mais sutil, era ouvido.

De posse de uma fita virgem iniciamos a gravação em rotação normal. Findos 30 minutos, reproduzimos o registro em rotação lenta. Atentos e em silêncio, ouvimos, inicialmente, estalidos, espaçados ou contínuos, como estática em recepção de rádio.

Aos poucos os sons se transformaram em intensa crepitação.

Adélio, o telegrafista, sinalizava identificar alguns ruídos.

– É quase impossível acreditar! – disse empolgado. Ouvi algo em código Morse. Embora um pouco prejudicado, pude identificar, nitidamente: "Continue... continue...".

Retornamos à cidade. Havia um lampejo de sucesso em nossos olhos.

Semana seguinte, no centro comercial, alguém chamou pelo meu nome. Duas moças se postavam na entrada de conhecida loja de roupas para noivas.

– 'Seu' Dante, nós o conhecemos, sabemos que é espírita. Queremos mostrar algo para que nos esclareça. Estamos assustadas, amedrontadas mesmo. Pode ouvir–nos agora?

– Com prazer – respondi.

Galgamos três degraus da loja e alcançamos luxuoso ambiente. Três outras jovens me indicaram uma poltrona. Percorri discretamente os semblantes e notei ansiedade e preocupação. Imaginei que contariam um caso de 'assombração'...

Ontem à noite – iniciou uma delas –, nos divertíamos com o gravador ligado. Roseane – apontou para uma das moças – parodiava o repórter de televisão que narrara cenas do recente desastre em que perderam a vida um fazendeiro e três crianças. O senhor sabe dessa tragédia. Depois, cantamos algumas músicas. Ao reproduzirmos a gravação nenhuma anormalidade, porém, mais adiante ouvimos um som estranho, igual a chiado, que variava de intensidade. Assustadas, desligamos o gravador e nos pusemos a indagar o que acontecera, pois aquilo não fazia parte do ambiente. Pensamos em destruir a fita, mas resolvemos guardá-la. Aqui está, quer ouví-la?

– Sim, mas a fita usada era virgem ou regravada?

– Virgem! – responderam em coro.

Iniciada a reprodução, concentrei–me, agucei os ouvidos, quis identificar qualquer manifestação acaso houvesse.

As moças estavam certas. Havia um som bizarro, ora mais alto, ora mais baixo. Desliguei o aparelho e crivaram–me de perguntas.

– Esperem! Nada ainda posso afirmar. Ouvi apenas um chiado, algo indefinido. Precisamos de um gravador que reduza a velocidade de reprodução. Vou telefonar para um amigo que o possui e logo estará aqui.

– Está bem. Vamos fechar a loja, para não nos interromperem.

Evanir não se demorou. Colocamos a fita em rotação lenta. As vozes femininas se arrastavam graves, ininteligíveis. Logo surge uma voz masculina a cantar. Ouve–se nitidamente, com boa qualidade, delicada melodia cuja letra ainda conservo:

"Voltei, voltei para você vivendo,
Voltei com a alegria de poder voltar,
Voltei de um mundo encantado,
Voltei para dizer que lá posso amar!"

Três das moças não resistiram e se retiraram assustadas.

– Havia algum rapaz com vocês? – indaguei.

– Não. Somente agora ouvimos essa voz!... Antes, eram sons iguais a arranhados.

– É natural – expliquei – o gravador de vocês só tem uma rotação.

Discutimos os mecanismos do fenômeno por algum tempo e despedimo-nos quando se mostraram mais tranqüilas e menos impressionadas.

A intenção das moças era apenas de divertir-se, jamais supunham a possibilidade de ocorrer o fenômeno que as aturdiram. Ao simularem, entretanto, a 'reportagem' das perdas de vidas como entretenimento, criaram, inadvertidamente, um campo psíquico favorável a que uma entidade espiritual interferisse na reunião.

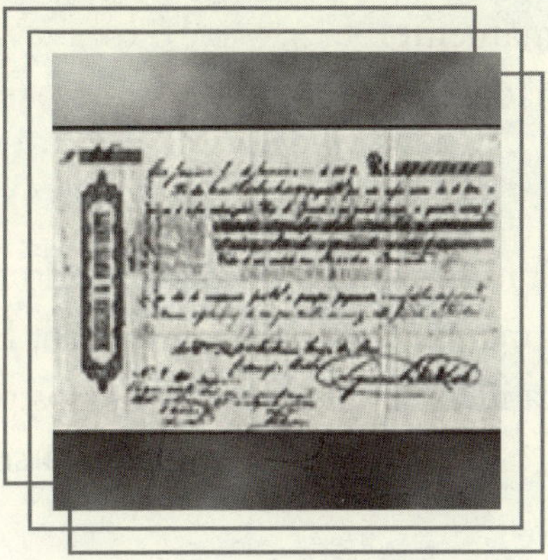

A DÍVIDA

Na década de 1980, vivíamos os brasileiros entre crises econômicas e inflação acelerada. Como o governo nem sempre conseguia debelá-las, aquele que dispunha de recursos financeiros mais lucrava, senão, era o endividamento, o desemprego.

Experimentei, também, essa conjuntura adversa. Empresário da indústria de artefatos pré-moldados de concreto para a construção civil – setor fortemente atingido pela retração de investimentos – assisti, penalizado, à paralisação de inúmeras obras.

Clientes me solicitavam a prorrogação do vencimento das faturas; outros, sem qualquer aviso, descumpriam o contratado. Com despesas fixas, pagamentos inadiáveis e sem realizar vendas, crescia o meu passivo financeiro. Decidi, então, cobrar pessoalmente os créditos, com a ajuda dos vendedores, sobretudo porque necessitava de recursos para resgatar um título vencível naquele dia.

À tarde, de volta à fábrica, percebi ao longe que os vendedores, assim como eu, não tiveram sucesso. Um grande desânimo me invadiu. A dívida não seria saldada e a empresa restaria em má situação.

Abatido, caminhei lentamente pelo pátio em direção aos rapazes. Nada mais a fazer, agradeci-lhes o empenho e fui para o escritório.

A esposa cobria a ausência da secretária e, ao ver o meu semblante amargurado, disse calmamente:

– Eles também nada conseguiram, mas não se preocupe, está tudo resolvido!

– O que disse?

– Dante, eu estava muito angustiada, pensando na ameaça de perder a fábrica, não conseguia manter a atenção no serviço. Enquanto vocês tentavam as cobranças tive a idéia de recorrer aos nossos pais falecidos e pensei: 'Seu' Jerry e papai, se é verdade o que Dante fala sobre a vida espiritual, ajudem-nos por favor!

Voltei ao trabalho. Conferia a relação de pagamentos, quando entrou um senhor idoso, simpático. Encomendou um lote de lajes, aprovou o orçamento sem discutir o preço e combinou retirar a mercadoria em 30 dias. Até pagou adiantado! Mas, veja, é exatamente a quantia de que precisamos hoje! Não é incrível a coincidência?

Consultei o relógio. Em poucos minutos encerraria o expediente do banco. Saí velozmente.

Fatura quitada, aliviado, fui examinar o contrato de venda. "Comprador: Jonathan (apenas). Endereço: Rua da Consolação, s/nº." Estranho – pensei –, não conheço essa rua, embora ande por toda a cidade.

A encomenda fora fabricada e estocada.

Nunca mais alguém procurou por ela...

Bruna

Dezenove anos, morena clara, simpática, rosto bonito emoldurado pelos longos cabelos lisos cor de ébano. Embora o sorriso fácil, não ocultava a timidez. Entrou no meu escritório à procura de emprego.

Na entrevista, disse da falta de experiência profissional e do motivo de somente agora ingressar no mercado de trabalho. Os pais, por não disporem de meios para custear os estudos da adolescente, decidiram pela vida religiosa onde teria segurança e instrução de qualidade.

Ingressara num convento em cidade próxima do Rio de Janeiro, mas com o passar dos anos convencera-se de que a clausura não era o ideal de sua vida. De volta à família, a necessidade de trabalhar. Por isso, a inexperiência.

Admiti-a para iniciar na semana seguinte. Inteligente, interessada, dominou rapidamente a rotina administrativa e o funcionamento da fábrica.

Decorrido quase um ano, o sorriso fácil e a alegria de viver escasseavam no seu rosto. Não pude me omitir:

– Algo errado com você, Bruna?

Desalentada, olhou-me em silêncio. Na face pálida, embaraço, constrangimento. Cabisbaixa, por fim desabafou:

– 'Seu' Dante, lembra-se de lhe ter dito que estava namorando?

– Sim. Acabou o namoro?

– Pior. Engravidei e ele não quer saber de mim. Estou desesperada, não sei o que fazer! Meus pais ignoram e estou sem coragem de contar-lhes. Aconselharam-me o aborto...

As faces de Bruna enchiam-se de lágrimas e desespero.

Sofrendo a sua dor, contestei:

– Aborto, não, Bruna! É um crime, não dê ouvido a essa monstruosidade! Ademais, para tudo há solução desde que não se agrida as leis divinas. A criança precisa nascer, ela vem, por seu intermédio, em busca da luz do mundo. O preço por tirar a vida que lhe foi confiada será pago com muito sofrimento. Não afronte a lei de Deus e a dos homens. Quanto a seus pais, devem ser os primeiros a saber.

– Mas, como lhes contar?

– Se quiser, peço ajuda à minha esposa para acompanhá-la. O que acha?

– Muito obrigada, 'seu' Dante. Vamos tratar disso amanhã.

Os pais se mostraram bastante inconformados. Longo diálogo se estendeu até o difícil convencimento. Sem alternativa, decidiram apoiar a filha.

Os dias passam. Bruna, tristonha, calada, pensativa. Em casa, permanece longo tempo deitada, sem nada fazer ou falar. Estava deprimida.

A família, as amigas em vão se empenhavam em ajudá-la.

Dois meses após a notícia da gravidez, Bruna me pede a tarde de folga.

Horas depois, envolvido com o serviço, recebi um influxo intuitivo: "Vá urgente à casa de Bruna! Depressa!"

Fui o mais rapidamente possível.

À porta, a mãezinha me atende aflita:

– Santo Deus, o senhor foi enviado! Ela está trancada no quarto e não responde aos chamados! Tenho medo que cometa um desatino!

Bati na porta com força, chamei-a pelo nome. Silêncio. Insisti. Nenhuma resposta. Novamente a voz imperativa: "Arrombe a porta, rápido!" Não vacilei. Tomei distância e joguei o corpo. Terrível cena! Bruna, de pé sobre a cadeira, uma corda enlaçada ao pescoço e amarrada no caibro do telhado. Não percebera a invasão, parecia hipnotizada. Elevei-a rapidamente e pedi à genitora que livrasse o laço. Colocada no leito, procedia estática, respiração curta, olhos fixos no teto, hebetada. Iniciei imediatamente a aplicação de passes magnéticos distensivos, com sopros nas faces e têmporas. Finalmente, profundo suspiro antecedeu a pergunta em desespero:

– O que houve? O que aconteceu?

Segurou as minhas mãos e exclamou:

– 'Seu' Dante, o que faz aqui?

Voltou os olhos para a corda. A mãezinha a contemplava assustada, chorosa.

– Agora sei de tudo. Perdoa-me, mamãe, eu te amo muito, perdoa-me!

Precisavam conversar e ninguém melhor do que a primeira amiga, para desabafar.

À noite, fiz-lhe ver que o suicídio jamais será solução para qualquer dificuldade, por pior que pareça, e enorme é a responsabilidade com o nosso corpo, com as vidas geradas.

A Providência Divina interveio a tempo de livrar Bruna de grande sofrimento espiritual e de proporcionar a vinda à Terra de um ser que, igual a todos, necessita de oportunidade para reparar os desvios do passado.

Ibilina

Tarde quente na capital mineira. O povo cansado retorna ao lar em busca de refazimento, de aconchego dos familiares.

César, bem-sucedido advogado, zeloso colaborador nas reuniões de materialização do Grupo Irmã Scheilla, caminha entre os transeuntes, numa das principais avenidas do centro da cidade. Súbito, uma voz débil, dorida, chama o seu nome. Pára, olha para os lados, nada vê.

Mais alguns passos, novamente a voz:

– César!...

Recua intrigado e volta os olhos para um beco. Apoiada à parede, mísera criatura, esquelética, rosto sulcado, cabelos desgrenhados, alquebrada, em total decadência física e emocional. César se aproxima pressuroso. Extremamente fraca, a criatura balbucia:

– Sou eu, Ibilina...

Trinta anos passados, jovem, bonita, saudável, bela silhueta, irradiava alegria. Sua presença, embora discreta, arrebatava aonde fosse. César, estudante de Direito, habituado às noitadas com seus colegas, conheceu-a na parte da cidade onde viviam as chamadas "damas da noite". Relacionaram-se por algum tempo, admirava a postura descontraída, irreverente, indiferente à hipocrisia da sociedade e aos preconceitos mundanos...

Diplomado, envolvido com o mundo das leis, sua vida mudou. Nunca mais se encontraram.

– Ibilina, o que aconteceu com você? – indaga extremamente comovido.

– Foi a vida que escolhi César. Agora estou morrendo...

O antigo visitante se põe de joelhos junto à infortunada, ouve pesaroso a sua desdita. Olhos marejados, extravasa a imensa compaixão que lhe vai na alma.

Populares se aglomeram intrigados com a cena insólita. Inaceitável um homem bem trajado, boa aparência, de condição social superior palestrar com um farrapo humano.

Surdo aos comentários, César se doa com extremo carinho e misericórdia, e propõe conduzi-la a um pequeno hospital, no Grupo Irmã Scheilla, onde será assistida com desvelo.

As lágrimas de gratidão de Ibilina falam mais do que a voz combalida.

César ergue facilmente aquele corpo frágil, caminha em direção a um táxi e acomoda-o suavemente no banco de trás.

Os curiosos, diante da manifestação de fraternidade, caem em si e aplaudem o anônimo benfeitor.

Sob olhares emocionados o veículo se afasta rapidamente e desaparece nas ruas da cidade.

José

No Grupo Irmã Scheilla dedicava-me, além de outras atividades, ao plantão de assistência aos pacientes acometidos de tuberculose, mal incurável à época.

Entre os internos, um jovem definha no leito. O prognóstico médico lhe dá pouco tempo de vida, vez que os pulmões se encontram totalmente comprometidos.

No Departamento de Assistência, encontro aflita, bondosa colaboradora. Deparara-se com José caído ao chão, em movimentos frenéticos, incontrolados. Dirijo-me ao local, mas na porta, intui-me uma voz: "Não entre. Peça uma toalha e cubra a boca do enfermo, para não se contaminar".

José se debate em estertores. Avalio o quadro e confidencio:

– Dona Ana, o nosso José está desencarnando...

Com extremo carinho, deponho-o no leito e projeto-lhe sentimentos de paz e conforto.

Um espírito me convida a aproximar da massa semi-inerte. Voz pausada, leciona:

– Observe, meu amigo: no processo de desencarnação, o rompimento dos laços perispirituais se inicia pelos pés. Coloque as mãos nos pés de José e leve-as em direção ao plexo solar. O que sente?

Percebo nitidamente a diferença de temperatura – muito fria nas extremidades, quente à medida que sobe àquele centro digestivo, onde se mantém normal.

Prossegue o instrutor:

– O sangue entra em estado trombótico e os coágulos prenunciam o início do déficit energético que reduz a temperatura das extremidades dos membros inferiores. A atividade da região do plexo solar é a última a arrefecer, pois nessa o "cordão de prata"[1] se fixa por meio dos fluidos vitais oriundos das energias físicas. Dá-se, então, o desprendimento paulatino das células perispiríticas do desencarnante.

– Coloque a mão na cabeça de José – orienta.

Estava fria.

– Neste instante – conclui –, a chama da consciência se desvencilha da prisão das células do cérebro, para adensar o corpo perispiritual e direcioná-lo à verdadeira vida. O espírito, então, se liberta da carcaça corporal e a desencarnação está consumada. Espero tenha assimilado o mecanismo de transição entre as duas existências. Adeus!

Diante do companheiro inerte orei por sua paz. Assumi as providências para o sepultamento e registrei as instruções do benfeitor.

José, enquanto o assistíramos, sempre se mostrara inconformado com a doença e explosivo nas crises nervosas, mas a equipe estava preparada para entendê-lo, aceitar as insatisfações, tratá-lo com carinho e paciência. O quadro clínico requeria medicação, repouso, tranqüilidade, mas a doença avançava rapidamente nos pulmões. Mesmo sem definhar fisicamente não aceitava a "ironia do destino", como costumava dizer.

Após José, outros quatro assistidos retornaram ao mundo invisível.

Durante uma reunião mediúnica, alguém indagou ao mentor espiritual a situação dos assistidos recém-desencarnados no Grupo Scheilla.

– Estão eles em uma colônia de recuperação – esclareceu – exceto José. Mas, não como pensam. Sua recuperação foi mais rápida que a dos demais e os está ajudando, porquanto possuía valores espirituais não demonstrados, apesar da manifesta insatisfação.

---

1 *Laço perispiritual*

Maria Pequena

Na idade escolar, residia com meus avós maternos na cidade natal de Tarumirim. Dessa forma, o acesso ao colégio era mais rápido, porque meus pais viviam na fazenda, distante 12 quilômetros.

Ao retornar das férias escolares para a cidade, surpreendi-me com desenfreada correria em direção à certa casa. Curioso, alcancei o local. A moradora, conhecida como Maria Pequena, disseram, enlouquecera. Aos 17 anos, sua constituição física justificava o epíteto.

Encontrei a residência repleta de enxeridos – como eu – a transitar, igual formigueiro, num vai-e-vem frenético. Esgueirei-me com dificuldade entre os adultos e vi Maria Pequena a gritar a plenos pulmões: "Quero ir 'pro' céu!".

Contida por dois homens robustos, reagia à limitação física e exibia força descomunal. Inesperadamente, projeta o corpo frágil para frente e leva de roldão a escolta. Ato contínuo, recua bruscamente e lança-a ao solo. Pânico geral! Num piscar de olhos, a sala se esvazia aos trambolhões. Na balbúrdia, vejo-me diante de Maria Pequena. Para minha surpresa estende as mãos finas e diz:

– Você é o filho de Jerry, não é? Há tempos ele me disse que a gente não morre. Sei que tem razão, mas eu quero ir 'pro' céu!

No dia seguinte, alguém de passagem pela cidade, sabendo do ocorrido, solicita permissão ao pai de Maria para visitá-la. A casa novamente abarrotada de curiosos. Eu estava lá. A pobrezinha agitada, nervosa, atada à cadeira, acompanhantes ao lado. O visitante assoma no quarto. Ao vê-lo a moça tenta se erguer, esbraveja, os guardiões a dominam. Tranqüilo, fita-a brevemente e pede à dupla que se afaste. Maria se aquieta.

O forasteiro se acerca e inicia a falar com a entidade perseguidora. Voz suave, coloquial, indaga:

– Por que tanta irritação? O que se passa com você?

– Não vê? Estou amarrada, solte-me!

– Vou soltá-la, mas para conversarmos. Concorda?

– Sim!

– Muito bem. Agora diga por que atormenta esta criatura.

– Eu não a atormento. Sou a mãe de Maria e ela só fala o que eu quero!

Alguém sussurra ao doutrinador que a genitora falecera havia dois anos, ao que o espírito contesta com rispidez:

– Eu não morri coisa alguma, estou viva!

Descoberta a presença da 'finada', os curiosos debandam assustados. Restam poucos e eu. Porta fechada, a entidade se expressa pela médium Maria Pequena:

– Estou na minha casa, falo e ninguém me ouve, dou ordens e não me atendem! Então, vou embora, mas quero ir 'pro' Céu!

– Minha irmã, ao seu lado está uma querida companheira. Ela mostrará a estrada florida e iluminada por onde você deverá seguir. Confie e vai com ela – convida o doutrinador.

Silêncio. O espírito logo se afasta. A médium estremece levemente, pende a cabeça no encosto da cadeira. Minutos depois, põe-se de pé, lúcida e reage enfezada à presença do desconhecido.

Os assistentes exclamam aliviados e sorridentes: "Esta, sim, é a verdadeira Maria Pequena!"

Eu, o garoto abelhudo, bastante confuso, nada entendera.

Tempos depois, Jerry me esclareceu aquele caso de obsessão.

O SACRISTÃO

Há muitos anos, numa pequena cidade de Minas, o pároco responsável pela orientação espiritual dos fiéis extremava-se no serviço religioso. Por demais rigoroso com a moral e a disciplina, agradava bastante os paroquianos conservadores.

Antônio, o sacristão, modelo de lealdade, esforçava-se por minimizar as críticas dos progressistas.

Sucede que o povo começou a perceber estranho comportamento no ajudante do vigário. Muitas vezes era visto na rua a murmurar palavras em latim. Como à época as missas eram assim celebradas, imaginaram que aprendera as falas com o padre e as repetia para memorizar.

Manhã de domingo, a cidade amanhece em festa. Moradores, devotos extremados, curiosos, romeiros, párocos vizinhos se aprestam para prestigiar as comemorações à santa padroeira local.

A praça da matriz se agita. O povo, eufórico, aguarda a convocação para a missa congratulatória, enquanto transita entre barracas de bugigangas, jogos, alimentos, pequeno comércio. Alto-falantes estridentes lançam no ar o repertório sertanejo. Tudo é alegria!

Antônio sobe lépido ao campanário e aciona o carrilhão para inaugurar os festejos. Os sinos badalam, badalam, enchem o ar de animação, de reverências na bela manhã ensolarada.

Súbito, param de repicar. A zoada na praça diminui lentamente até o silêncio completo. Ninguém entende o porquê e o que vai à cabeça do sacristão. Logo, uma voz tonitruante se faz ouvir do alto da torre. Em latim, o auxiliar do vigário prega a necessidade de mudanças na administração da Igreja. Censura a pompa na liturgia, os vistosos paramentos, o distanciamento do povo, a hierarquia quase militar, os dogmas, o celibato, a venda de sacramentos, a profissionalização, o desestímulo às vocações e outros desvios da igreja primitiva. Apresenta razões e propostas coerentes, bem fundamentadas.

Perplexos, os clérigos se indagam como aquele homem inculto consegue expressar-se fluentemente em uma língua de domínio restrito e com suficiente conhecimento da intimidade eclesiástica.

Finalmente, o padre local reage e brada inflamado:

– Antônio, liberte-se desse espírito do mal e desça já daí!

Do campanário ouve-se ainda em latim:

– Não sou espírito do mal e tampouco sairei antes do que tenho a dizer. Este homem por quem eu falo exprime a minha vontade. Aqui estou para lembrá-los de que a Igreja é o sustentáculo da moral cristã em nossas consciências. Não permitam que a vaidade e a poeira do orgulho formem uma argamassa sedimentada em seus corações. Tenham em mente as palavras do Senhor Jesus: "Os mansos herdarão a Terra." Como vocês, servi ao Cristo na batina, mas hoje, livre do orgulho, do poder temporal, dos paramentos suntuosos sou apenas um humilde colaborador na seara do Divino, igual a tantos outros egressos da Santa Igreja. Aqui não temos títulos, mas energias em forma de luz adquiridas pelo trabalho enobrecedor. Clamo a Nosso Senhor Jesus Cristo despertá-los para restabelecer a verdadeira vocação da Igreja original!

A multidão assiste espantada, sem nada entender. Emudecidos e cabisbaixos os prelados acusam no íntimo o contundente recado.

Combinados o magnetismo dos religiosos com os do povo, o "espírito do mal" é alijado e o sacristão silencia, desfalecido. Com esforço é retirado da torre por destemidos que se dispuseram à fatigante empreitada.

Sabemos que a mediunidade pode aflorar em qualquer pessoa, porquanto interage com as energias psíquicas. Para manifestar-se independe de cultura, de credo religioso, de local, de dia, de hora, de tudo mais, todavia aquele que a tem educada mantem-na sob controle.

O CICERONE

Nos contatos comerciais com fazendeiros e sitiantes do interior de Minas, muitas vezes preferia o cavalo ao carro, para deslocar-me em estradas estreitas, esburacadas, sinuosas, com forte aclive. Se chovesse as condições pioravam.

Por desconhecer os caminhos do roteiro a cumprir, contratei o guia João, conhecido como Risadinha, bastante sabedor dos caminhos. Comunicativo, espirituoso, alegre, sempre sorridente.

Temperatura agradável iniciamos a cavalgada por volta de uma hora da madrugada. Além de nossas montarias, equipamos três mulas com os apetrechos.

Concluído o percurso e atendidos os objetivos, iniciamos a viagem de volta. Vencidos dez quilômetros deparamos com uma bifurcação na estrada. João hesita, consulta o relógio, e indica o caminho mais longo. Indago o porquê da estranha decisão, entre surpreso e ansioso por regressar à casa.

– São quase seis horas, não podemos chegar à porteira da outra estrada no escuro – disse-me convicto.

– Por que não?

– O lugar é mal-assombrado, 'seu' Dante, acontecem coisas terríveis às pessoas!

– Pois é por lá que eu vou, João. Gosto de lugares mal-assombrados.

– Loucura, não sabe o que o espera!

Ao chegarmos à porteira, o assustado guia estaca.

– Agora eu vou à frente e o senhor toca as mulas – resmunga contrariado.

Coincidentemente, tão logo ultrapassamos a cancela, ouvimos fortes zunidos, como varas a cortar o vento e a estalar no cavalo de João. Diante do alvoroço, as mulas fogem espavoridas. Descontrolado, João gritava:

– Valha-me, Virgem Maria! Mãe Santíssima! Eu avisei, 'seu' Dante, mas não me acreditou! Viu o que aconteceu? E agora, o que vai fazer?

Eu não ria do fenômeno de *poltergeist*[1], mas do pavor do cicerone. Em meio à confusão, dirigi-me aos espíritos galhofeiros que nos queriam assustar:

– Meus amigos, agradecemos por comunicarem as suas presenças, mas é tarde, estamos cansados, temos que cavalgar bastante de volta à casa e precisamos dos animais. Por favor, podem trazê-los?

Silêncio.

Tremendo, espavorido, João protesta:

– 'Seu' Dante, deixe as mulas 'pra' lá! Pelo amor de Deus, não mexa com essas coisas! Vamos embora daqui!

– Calma, João, vamos esperar pelos animais.

Mal concluí, surgiu um deles, agitado, cansado, a bafejar. Em seguida, os outros dois, na mesma condição.

– Obrigado, meus amigos, muito obrigado! – despedi-me daqueles brincalhões.

Esporeamos os cavalos e, mesmo ao longe, ouvíamos a porteira ranger ao abrir e bater ao fechar.

O amedrontado guia dissera nunca ter visto alguém falar com os "zumbis". Esclareci que se os espíritos zombeteiros percebem que a 'vítima' não os teme, desistem da brincadeira. Por isso, trouxeram as mulas de volta.

– Pode ser, 'seu' Dante, mas eu não passo por onde eles estiverem!

Fenômenos acontecem. Saibamos interpretá-los e lidar com eles.

---

1 *Efeito físico produzido por espíritos zombeteiros.*

Zaíra

Antigamente, a vida no interior era simples, não sofisticada, sem pilhas, botões, fios, controles remotos, tecnologia e as crianças se divertiam imitando os adultos. Era o "faz-de-conta".

Uma das brincadeiras consistia em cozinhar. Pequeno fogão improvisado com tijolos, no quintal, recebia panelinhas com água e folhas. As meninas, em volta do fogo, divertiam-se, naturalmente com o corpo aquecido. Vez por outra, iam a um pequeno córrego para lavar os utensílios e refrescar as pernas.

Certa vez, Zaíra, cinco anos, ao sair da água, pôs-se a gritar para as amiguinhas:

– Minhas pernas doem! Meus pés não se mexem, não consigo andar!

Estática, chorava e chamava pela avó. Acudida, levada nos braços para casa, o triste diagnóstico:

– Os movimentos das pernas estão seriamente comprometidos – disse o médico. A menina sofreu um choque térmico brusco causado pela diferença de temperatura do fogo e da água fria. Em conseqüência, a musculatura tibial retesou como um elástico e contraiu em seguida, o que lhe impossibilita os movimentos. Aqui em Minas ela não vai conseguir andar, no entanto, como o fato é recente, talvez possa recuperar-se com cirurgia no Rio de Janeiro.

Embora o sofrimento de meus avós, a viagem não aconteceu.

Zaíra incorporou-se à cadeira de rodas, cresceu e jamais se rebelou contra o destino. Alegre, espirituosa, sempre disposta a servir, exercia com amor as artes do bordado.

Aos 35 anos, soube que em Urucânia acontecia intensa romaria de fiéis. Multidões ansiosas para lá se dirigiam em busca de alívio das enfermidades, dos sofrimentos. Paralíticos, mudos, cegos, surdos, doentes eram curados. Não restava dúvida quanto à eficácia das intervenções do bondoso padre Antônio durante as bênçãos.

Zaíra quis ir aonde os 'milagres' aconteciam. Se tantos os recebiam, por que não ela?

Minha mãe se propusera a realizar-lhe o desejo e ambas viajaram, acompanhadas de auxiliares, a Rio Casca, cidade em que o caridoso padre atenderia durante breve estada.

A cidade fervilha. Automóveis, ônibus, caminhões, caravanas, deficientes, enfermados de toda ordem. Na praça, a multidão se espreme a rezar o terço à espera do ofício do "santo padre", como era chamado.

Zaíra vive a apoteose do momento mágico, ao lado de milhares de esperanças. Brilham os olhos, ansiosos de que se estabeleça um elo divino entre o Céu e a Terra, e sejam todos beneficiados.

No final da praça, pequeno altar improvisado, em nível elevado, destaca a imagem do Cristo crucificado. Ao lado, uma Nossa Senhora das Graças, a quem padre Antônio atribui a autoria das benesses.

Finalmente, soa uma voz branda do alto-falante:

– A paz de Nosso Senhor Jesus Cristo esteja conosco!

Em uníssono a multidão repete a conhecida saudação.

Breve pausa, profundo silêncio. O franzino sacerdote inicia a santa missa. O povo, contrito, olhos cerrados, em fervorosa oração, ignora o sol escaldante, os joelhos magoados pelo calçamento irregular. Não há desconforto ou dor. As invocações ao Ser Supremo se unem em igual propósito – a absolvição das penas pela graça divina. Aos poucos, consolidam-se forte e solidária psicosfera de fé a emitirem, igual poderosa antena, invocações ao Ser Supremo. Assim, tudo pode acontecer.

Prossegue o rito até que as mãos do sacerdote traçam no ar o sinal da cruz e abençoa a multidão sofrida. É o clímax, a apoteose, a sagração da eucaristia, a intervenção das hostes espirituais superiores, o momento esperado! A ansiedade se estampa nos rostos sofridos, cansados, mas confiantes.

De repente, a luz divina banha a grande assembléia. Como chuva de graças divinas as curas se dão instantaneamente, em abundância! A euforia explode entre lágrimas de gratidão pelas dádivas recebidas! Centenas de braços se erguem em hosanas aos Céus!

Zaíra sente forte atividade nas pernas. Os músculos repuxam, distendem-se, os pés tocam o solo, o corpo empertiga, o rosto se transfigura. Súbito, ergue-se da cadeira, lança as muletas para os lados e grita num turbilhão de felicidade:

– Meu Deus, eu posso andar! Graças à Nossa Senhora estou curada! Quero ir à igreja agradecer!

Emocionadas, minha mãe e as auxiliares não contêm as lágrimas.

Zaíra caminha radiante, passos lentos, oscila o corpo, galga com segurança a escadaria do santuário. No topo, vira-se e pergunta:

– Onde estão minhas muletas?

Ato contínuo rodopia no ar e prostra-se pesadamente ao solo.

Nunca mais andou.

O capítulo XIV, item 7 de *A gênese*, de Kardec, instrui: "O perispírito, ou corpo fluídico dos espíritos, é um dos mais importantes produtos do fluido cósmico: é uma condensação desse fluido em torno de um foco de inteligência ou alma."

Significa que o perispírito é o agente que exerce funções sob o comando da alma. No momento da bênção coletiva, Zaíra, impregnada de vibrações magnéticas salutares, pôde andar, movida, sobretudo, pela força de vontade. A flexibilidade do perispírito favoreceu o relaxamento da musculatura das pernas e permitiu a movimentação física. Manifestada, no entanto, a dúvida da cura pela solicitação das muletas, desencadeou-se uma contra-ordem que lhe reverteu à antiga paraplegia. Faltou-lhe a fé.

Este fato lembra a passagem evangélica relatada por Mateus, 14:31, quando Pedro, ao ver Jesus caminhar sobre as águas, decide ir ao Seu encontro. O Mestre o aguarda. O apóstolo hesita, dá alguns passos, mas soçobra. O Amoroso Nazareno o atende e diz: "Homem de pouca fé, por que duvidaste?"

Reconciliação

"Quantas vezes perdoarei a meu irmão?"
"Perdoarás não sete vezes, mas setenta vezes sete vezes." (Mt. 18, 21-22)

No Brasil Colônia, destemidos bandeirantes, desbravadores das florestas em busca das esmeraldas encantadas, estabeleciam em seus roteiros pequenos núcleos abastecidos de águas cristalinas. Muitos deles deram origem a povoados, futuras cidades.

Surgiu assim, no Centro-Oeste de Minas, uma comarca onde a terra fértil favoreceu a instalação de prósperas fazendas e a expansão da economia local.

Suas quatro mil almas, no entanto, viram brotar a semente da discórdia entre dois ricos fazendeiros, intransigentes, de corações duros. Disso nascera o ódio entre as duas famílias. Uma residia na parte norte e a outra na sul. Tamanha a desavença não mais freqüentavam os mesmos lugares, as crianças estudavam em escolas diferentes e a presença às missas dominicais acontecia alternadamente. Aos poucos, o povo se contaminara pela rixa e dividira-se em partidários dos litigantes. Numa sociedade em que predomina a desavença, difícil se torna cumprir o sublime mandamento de amar o próximo.

Às vésperas das comemorações natalinas, o sol ilumina a cidade num convite à reflexão, ao congraçamento, à renovação espiritual.

Eufórico, Estevão reúne a família e comunica que tomara importante decisão. Esposa e filhos aguardam ansiosos a notícia.

– Vamos todos à missa – diz o patriarca –, mas antes visitarei o Eduardo.

– O quê? – exclamam surpresos a uma só voz.

Nervosa, a mulher o repreende:

– Quer morrer, homem? Quem vai manter nossos filhos? Eles precisam de você!

Estevão, tranqüilo, em paz, justifica:

– Há muito tempo penso nessa tola desavença com o Eduardo. Noite passada, tive uma visão que me aconselhou a procurá-lo, e que ele também está disposto a terminar com a discórdia. Esta manhã tão radiante finalmente me fez tomar a iniciativa. Vocês vão à igreja e aguardem-me em orações.

Estevão ruma à casa de Eduardo. Enche-se de coragem e bate suavemente à porta. A esposa do rival se surpreende com o inesperado visitante.

– Como tem passado, dona Isolina – saúda Estevão, sorridente – não se perturbe, venho em paz. Gostaria de conversar com o Eduardo e pedir-lhe perdão pela animosidade. Minha consciência é como fogo ardente a queimar e quero propor a reconciliação.

Atônita, Isolina vê diante de si aquele homem antes orgulhoso, prepotente, inflexível, agora humilde, dócil, pacificador, e exclama agradecida:

– O Senhor seja louvado!

Nesse momento, Eduardo assoma à sala. Afável, estende a mão e convida Estevão a entrar.

– Ouvi emocionado o que disse a minha esposa e também lhe devo perdão. Realmente, devemos terminar com esse tolo desentendimento. Estamos velhos e não será bom levar mágoas para o túmulo.

Os antigos desafetos se abraçam diante da família de Eduardo.

Emocionada, Isolina propõe:

– Vamos selar a paz na igreja com a bênção de Deus!

Missa iniciada, Eduardo e Estevão entram juntos. Os fiéis se entreolham, espantados e temerosos, sem nada entender. A família de Estevão se põe de pé. O templo silencia.

O sacerdote faz uma pausa na celebração, olha por cima dos grossos óculos, intrigado e apreensivo com as intenções dos litigantes. Sorrisos nos lábios, os dois sentam-se lado a lado, acenam para o reverendo prosseguir.

Antes da bênção final, Eduardo pede a palavra. Emocionado, enaltece a nobre iniciativa de Estevão. Afirma que, a partir de então, o povo da cidade assistirá ao retorno da antiga paz e desculpa-se pelo infeliz episódio, que a tantos envolvera. Conclama que, igual a eles, retornem à concórdia, ao bom convívio.

Emocionado, o padre cita Mateus, em 6:14: "Pois se perdoardes aos homens as ofensas, também vosso Pai Celestial vos perdoará a vós."

Os fiéis se levantam e deixam o templo em silêncio, pensativos e sensibilizados com as belas lições de renúncia e perdão.

O ENIGMA

Na fase áurea da construção civil, expandi a produção da fábrica de pré-moldados de concreto. Vinculada a esta, adquiri uma cerâmica, gerenciada por um dos meus irmãos, afastada 20 quilômetros da fábrica, onde habitualmente eu permanecia.

Uma tarde fui informado que o transformador de energia elétrica que alimentava a olaria queimava sucessivamente os fusíveis, causando a paralisação da produção.

Recentemente adquirido, o transformador operava em regime econômico, embora sua grande capacidade.

Convocado, o técnico da concessionária de energia elétrica recomendara enviá-lo para a retífica. Mesmo descrente quanto à possibilidade de defeito, despachei-o para o Laboratório de Eletrotécnica da Escola de Engenharia.

Em quase uma semana o equipamento fora devolvido sem os testes apontarem qualquer defeito.

Reinstalado, os fusíveis voltaram a explodir. Outra tentativa, nova explosão.

A concessionária enviou um engenheiro e na sua presença mais fusíveis se queimaram. Desolado, meu irmão me convocou.

Seis pessoas me aguardavam. O engenheiro relatou as providências, todas infrutíferas, e disse não atinar com o defeito.

Depois de ouví-lo, fui ao local do transformador. Próximo aos postes que o sustentavam, ergui os olhos em sua direção e, com profundo sentimento de amor, mentalizei o Divino Mestre, as energias do bem. Mãos alçadas, roguei com fervor a resolução do problema. Surpreso, vi surgir ao redor do equipamento grande massa escura, compacta, aspecto horrível. Permaneceu imóvel por alguns segundos e deslizou pelos postes até o solo. Ato contínuo, deslocou-se em incrível velocidade, como se varrida por um vendaval. Sumira na poeira.

Ainda com as mãos erguidas, plasmei mentalmente uma luz azul a envolver o transformador e agradeci comovido o benefício.

O grupo assistia espantado, emudecido, olhos esbugalhados. Pedi para colocarem novos fusíveis. O engenheiro foi categórico:

– Não adianta, os fusíveis se queimarão novamente.

– Se já perdemos tantos, podemos perder mais três – respondi.

Partida acionada, o transformador funcionou perfeitamente. Admirados, assistiram todos ao fim do enigma.

A explicação não tardou.

É comum a competição agressiva no comércio, desde que de forma ética e leal. Certo concorrente, no entanto, incomodado com o nosso sucesso, quis nos excluir do mercado e recorreu à magia negra. Na cidade havia um terreiro que se prestava a esse tipo de serviço, em oposição às leis divinas. De lá, viera alguém sabedor das nossas dificuldades alegando ser a causa um "despacho" encomendado e, por alguma quantia, oferecera-se para neutralizar o mal. De pronto recusei.

Tempos depois, soube que o mesmo indivíduo fora pago para fazer o "trabalho" contra a fábrica. Simularia ajudar-me e lucraria com as duas partes.

A oração e o pensamento positivo, no entanto, realizam prodígios!

O PERDÃO

Após 50 anos a defrontar-me com inúmeras provações, quando deveria tomar posição a respeito do futuro espiritual, passo a projetar o filme do meu passado.

Vejo, então, que estive diante de duas estradas: uma, larga, poderia levar-me ao abismo do sofrimento, causando profundos sulcos na alma por centenas de anos; outra, estreita, com apenas alguns dissabores.

No início de 1951, conheci Guilherme, dotado de grande carisma e de coração generoso. Nosso primeiro diálogo foi estabelecido em seu consultório odontológico. A conversação abordou diversos assuntos, até que nos encontramos em sintonia de idéias, a despeito de algo nos diferenciar: ele, umbandista convicto, militante; eu, profitente da Terceira Revelação do missionário Kardec. Com o tempo, criamos laços de amizade e respeito.

Passou-se um ano.

Num pôr-do-sol, nuvens avermelhadas anunciavam a noite, e as primeiras estrelas matizavam o firmamento. Seria mais um dia de reunião no Grupo da Fraternidade Joseph Gleber, na Fazenda Eureka, outrora denominado Posto de Socorro.

Ao aproximar-se o início dos trabalhos, um carro estaciona defronte à instituição. Sorridente, surge Guilherme, o amigo umbandista, convidado por meu pai.

Iniciam-se as atividades doutrinárias com a prece de Jerry e os comentários preliminares. Os assistentes, pessoas modestas dos arredores e alguns agregados da fazenda, todos bastante interessados. Os explanadores do Evangelho e de *O livro dos espíritos* interpretam com simplicidade as mensagens de Jesus e Kardec, enquanto o médium Fábio Machado atende o receituário.

Avançados os trabalhos, percebo o semblante de insatisfação do visitante, mas não indago o motivo.

Ao final da vivência evangélica e da distribuição das receitas, o salão se esvazia lentamente. Guilherme, rodeado por gentis companheiros, solicitado a opinar sobre a reunião responde secamente:

– Não gostei. Onde não entram os "meus caboclos", eu também não entro. Não voltarei aqui.

Surpresos e desconcertados, os inquiridores silenciam. Jerry, Fábio e eu soubemos do ocorrido no dia seguinte.

Na reunião imediata, os componentes do grupo aguardam esclarecimentos sobre a declaração de Guilherme. Jerry, o dirigente, passa a elucidar o fato. Conhecedor das limitações do grupo usa de linguagem acessível, para não alimentar ressentimentos, tampouco desfigurar a verdade.

– Amados companheiros – inicia – graças aos estudos aqui realizados, vocês aprenderam o que são vibrações. O mal-entendido que envolveu o nosso convidado se deveu à falta de sintonia, de harmonização de vibrações. Os espíritos que trabalham com ele em terreiros de umbanda merecem respeito, contudo, nossa reunião não se destina a rituais ou a manifestações a que estão habituados. Por isso, preferiram não ingressar no ambiente. O visitante, ao notar suas ausências, julgou lhes terem sido negado o acesso, daí, o desagrado...

Após meses de atividades, alcançáramos o objetivo de implantar o estudo da mensagem espírita e o exercício da prática evangélica, em apoio às reuniões de materialização para tratamento de saúde de encarnados. Nessas práticas, os amorosos mentores espirituais Scheilla, Joseph Gleber, Fritz,

José Grosso e outros, se apresentavam revestidos de matéria visível, luminosa, e o médium Fábio Machado contribuía com a doação de ectoplasma – matéria prima da materialização.

Embora perdurasse o relacionamento amistoso, Guilherme não mais nos alegrou com a presença nas reuniões. Tempos depois, recebemos a notícia de sua desencarnação. Jerry reuniu os cooperadores do grupo e oramos pelo irmão que partira.

Dois anos decorridos, a minha vida doméstica, então de alegria e de tranqüilidade, começou a desmoronar. A paz, o entendimento se desvaneceram. Minha querida companheira iniciara acentuado retrocesso em seu comportamento habitualmente sensato. Agressiva e emocionalmente descomposta, surpreendia-me a cada instante.

No curso de uma reunião de materialização José Grosso me advertiu: "Dante, com Jesus sempre! Orai e vigiai".

Manhã ensolarada, dirigia-me à sede da fazenda para o encontro habitual com Jerry. No trajeto, algo desagradável revelou o poder das trevas. Uma entidade espiritual me lançou terrível indução: "Esbofeteia aquele velho". E insistia. Mas, "o velho" era o meu pai!

De imediato percebi o jogo das sombras e contestei: "Jamais farei isto!". Lamentavelmente, no entanto, repliquei ao inspirador da idéia: "Vá para o inferno!" A imprecação contrariara a advertência de José Grosso, para orar e vigiar. O espírito se afastou furioso, jurou voltar. Ao chegar à casa, Jerry abriu largo sorriso, e o abracei com profundo carinho.

A vida prosseguia entre grandes tribulações e dissabores constantes produzidos pela querida companheira.

Em um final de semana, recebemos a amorosa visita da família Jair Soares, obreiros assíduos do Grupo Irmã Scheilla, de Belo Horizonte. Por oito dias, os amigos encheram de alegria a nossa casa, movimentaram a tranqüilidade daquela pacata região rural.

Uma tarde, desfrutávamos de agradável conversação quando, inesperadamente, irrompe minha esposa e passa a agredir-nos com expressões duras e ofensivas. Cansado de suas atitudes estapafúrdias, perdi o controle emocional e tornei-me um joguete nas mãos de um espírito maldoso.

Infelizmente, reagira com palavras à altura das que a pobre criatura me lançara – o que jamais houvera feito. Durante a altercação percebia a gravidade do episódio, mas procedia igual robô. Jerry, como bom pai, me repreendeu com brandura, todavia, com a mente subjugada por forças obscuras, voltei-me agressivo:

– Não se meta, senão eu lhe pego!

– Pois venha – respondeu meu pai tranqüilamente.

Avancei em sua direção, braços erguidos, boca repuxada, semitransfigurado.

Jair e meus irmãos impediram o ato insano e retiraram-me do local. A despeito da influência maléfica, mantinha os reflexos aguçados e lutava contra o domínio pernicioso. Minhas inferioridades, no entanto, sintonizavam com o astral infeliz, que anunciava: "Você não pode reagir, eu o tenho em minhas garras".

Em conflito, roguei ajuda a Jesus.

Ao me ver mais tranqüilo, Jair indagou sobre o ocorrido. Iniciara a respondê-lo, quando a entidade novamente se apossara de mim. Desta vez, totalmente: o plexo solar entorpecido, o abdômen sugado, a boca desalinhada, arqueado, os pés voltados para dentro, as mãos retorcidas quase a contornar os pulsos... Aparência horrível! À distância, ouvia Jair me chamar e, mesmo sem controle, tentava recobrar a consciência.

Meu pai e Jair me aplicavam passes. Aos poucos, desfez-se a carga nociva lançada pela entidade. Refeito, disse da minha vergonha ao querido pai, surpreso e constrangido com a invigilância do filho.

Jerry comentou:

– Dante, quando intervi na discussão percebi o seu envolvimento por forças negativas.

– Meu pai – justifiquei –, antes de ouvir a sua reprimenda, uma luta íntima havia iniciado. Decidira não mais aceitar as agressões verbais da esposa, e, ao mesmo tempo, o obsessor incentivava-me a atacá-lo: "A porta está aberta, vamos, não perca tempo". A razão relutava em aceitar o confronto, mas tudo aconteceu rapidamente e avancei incontrolável em sua direção. Ao olhar em seus olhos, porém, aflorou o amor filial que sempre lhe devotei e fui iluminado pela máxima paulina: "Uma fagulha de amor pode apagar a multidão de pecados". Perdoe-me, pai!

A entidade trevosa se afastou irada, aos brados: "Sua reação atrapalhou meus planos, mas a guerra não acabou. Tenho outros meios para atacá-lo. Aguarde!"

Em casa, ainda imperava a discórdia. Minha mulher não queria viver na fazenda; por minha vez, tornei-me vulnerável às influenciações sutis e danosas. Os desdobramentos não mais me ocorriam, sofria a sensação de abandono, as preces sempre entrecortadas e sem concentração. Tempos sofridos, tormentosos, e ainda enfrentava o dilema: se deixasse a fazenda, privaria da convivência com o meu pai e com o trabalho no Joseph Gleber; se ficasse, perderia a esposa e as crianças. Finalmente, a decisão : resolvi deixar meu pai. Olhou-me entristecido, sem qualquer palavra, mas duas lágrimas diziam tudo: "Seja feliz!"

Mudei-me com a família para uma pequena cidade afastada. Mal se passaram noventa dias senti a necessidade de visitar Jerry.

Recebido carinhosamente, conversamos descontraídos, tínhamos muito a dizer um para o outro. Desejei rever o vinhedo, e meu pai comentou que a safra seria promissora. A sós, admirava as folhas verdes que acobertavam os robustos cachos de uvas, obra da tenacidade de Jerry e do esforço dos colaboradores da fazenda. Grande emoção me invadiu com as recordações dos tempos felizes! No peito, a dor do abandono daquele lugar tão querido, das reuniões mediúnicas, dos amigos e vizinhos... Embora os olhos toldados de lágrimas, divisara, à pouca distância, o prédio do Grupo Joseph Gleber, onde aprendera os verdadeiros valores da vida!

Nos seis anos seguintes engoli, arrependido, os soluços diante dos desgostos com o casamento desfeito, da mágoa de ver o meu pai acabrunhado, solitário, e da fazenda negociada...

De repente, as emoções entram novamente em desequilíbrio. Pensamentos macabros me assaltam com a terrível ordem:

– Você tem que matar! Tem que matar! – repetia o obstinado perseguidor.

– Jamais! – repliquei.

– Mas, você já fez isso e muito!

– Sim, na França, mas hoje quero reparar o erro.

Do íntimo, implorei com fervor:

– Jesus amado, me ajude, por misericórdia!

O obsessor insiste:

– Você sempre se esconde por detrás dele que, para mim, nada significa!

A resposta ao apelo divino não tardou. Uma onda de paz, de renovação me envolveu e descobri que nada estava perdido. Como José Grosso me dissera, bastava orar, manter a porta fechada às influenciações negativas.

Finalmente terminaram os dias de amargura.

Anos depois, visitei meu pai em Caratinga. Findo longo diálogo, convidou-me para uma reunião de materialização, com o concurso do conhecido médium Antônio Sales.

À noite, salão repleto, músicas espiritualizadas enlevam a preparação do ambiente. Jerry busca o Senhor Jesus em comovente rogativa em favor dos trabalhos, dos assistidos e dos mentores espirituais. Em instantes, irrompe da cabine do médium forte luminosidade. A voz de José Grosso se faz ouvir com o retumbante "Boa-noite!" e vai aos assistentes:

– Companheiros, os amigos espirituais Scheilla, Joseph Gleber, Fritz e outros se preparam para o atendimento fraterno. Enquanto isso, peço a vocês muito amor e compreensão para a entidade que se vai materializar, desejosa de conversar com alguém da assistência – e retorna à cabine.

Todos nos postamos em recolhimento. Jerry pede para entoarmos uma canção e ligar-nos ao Mestre. Iniciamos suavemente: "Um doce olhar/ Um bom pensamento/ A Ti, amado Jesus..." sobre a melodia da "Serenata" de Schubert.

Quase ao término, apresenta-se visível, entre a cabine do médium e o salão dos assistentes, a entidade anunciada por José Grosso.

– A paz de Jesus conosco! – saúda-nos. Em seguida, ruma em minha direção. Surpreende-me ao pronunciar entre soluços:

– Dante, eu venho lhe pedir perdão!

Reconheço, de imediato, o amigo do distante 1951.

– Guilherme!

– Sim, a dor da consciência me traz aqui.

Instintivamente, dei um passo à frente e o abracei. Dele recebo um beijo na testa e retribuo num impulso de amor fraterno. Enlaçados, confessou:

– Dante, lembra-se de quando um espírito o induzira a agredir seu pai e você o mandara para o inferno? Pois fora eu aquele atormentado. Também o afastei da convivência com Jerry e provoquei a destruição de seu lar. Mas, tudo isso me amargura, pesa bastante na consciência. Não consigo viver em paz! Perdoa-me, amigo!

As lágrimas de arrependimento do sofrido personagem misturavam-se com a profunda emoção.

Comovido, Jerry extravasou os sentimentos em breve agradecimento:

– Obrigado, Divino Mestre, pela fresta de luz a iluminar estes seres que aliviaram suas consciências com amor puro e fraterno. Seja este amor também vitorioso em nosso mundo, que aprendam os homens a se perdoar mutuamente. Obrigado por esta noite que ficará plasmada para sempre no santuário de nossas almas. Sois vós, Amado Amigo, que palpita em nossos corações!

Em coro, todos agradecem:

– Obrigado, Senhor Jesus!

Acesas as luzes, sobre a mesa, uma mensagem em escrita direta exalta os valores do arrependimento e perdão.

Guilherme, de estatura mediana em sua vida carnal, assim se apresentou materializado; Antônio Sales, o médium doador de ectoplasma, era mais alto do que a entidade.

Inúmeras vezes Jesus se referiu, em suas pregações, ao perdão para que ficasse bem nítida a sua importância em nossas relações com o próximo. Lembramos de seu precioso ensinamento: "Reconcilia-te com o adversário enquanto estás a caminho com ele...", sábia advertência contra o perigo das obsessões.

As três pragas do vigário

Antigamente, no Brasil, a formação de muitas cidades originava-se, além das características já mencionadas, de povoados constituídos nas redondezas de uma capela. Vez por outra, o vigário lá comparecia para celebrar missas, realizar batizados e dispensar outros sacramentos. Surgira, dessa forma, Pedra Escondida, em Minas Gerais. Com o progresso, a primitiva capelinha dera lugar à igreja de médio porte, compatível com o número de habitantes. A economia da pacata cidade se apoiava na agropecuária e no comércio varejista.

Jovem padre, 35 anos, dotado de magnetismo e de carisma, granjeara obediência integral dos simplórios paroquianos. Sensibilizara, em especial as mulheres, naturalmente dotadas de espiritualidade mais apurada. O sacristão, celibatário e quarentão, zeloso cumpridor de seus deveres, tinha o dom especial de saber agradar o sacerdote e de adivinhar-lhe os desejos.

A vida corria em aparente normalidade.

As forças das trevas, no entanto, encontram campo propício no padre e no ajudante, que atuam como médiuns receptores de energias negativas. Entreaberta a cortina da privacidade, afloram, no entanto, cenas sórdidas. O vigário abusa da força do seu carisma e da fraqueza das beatas; o sacristão, no afã de bem servi-lo, age como sórdido intermediário.

Os comentários, por fim, começam a fermentar nas ruas, nos bares, no comércio, em toda parte. Maridos furiosos clamam por vingança, exigem "lavar a honra com sangue". Reunem-se secretamente e após rápido julgamento, a sentença é prolatada: morte para a dupla de depravados e para as esposas infiéis!

Três participantes, no entanto, iluminados pela chama divina, ponderam que é dever de todos, porque bons cristãos, testemunhar a sua crença. Propõem, então, perdoar as esposas que fraquejaram e punir tão-somente os maquiavélicos sedutores com a expulsão da cidade.

O 'tribunal' aplica a pena, mas os executores radicalizam no cumprimento. Um grupo irado captura os 'condenados', amarra-lhes os pulsos, raspa-lhes as cabeças, coloca-os em trajes sumários, unta-lhes o corpo com mel e os fazem montar em trôpegos pangarés, equipados somente com rédeas.

Sol forte de meio-dia, o séqüito se põe a caminho. Padre e sacristão à frente, como em típica procissão, desfilam lentamente pelas ruas e contornam a grande praça por três vezes. Finalmente estacionam diante da igreja, com o povo em festa, a lançar apupos e imprecações à dupla. Execrados e cabisbaixos, são notificados do motivo da humilhação e de que jamais retornem à Pedra Escondida, porque serão mortos.

Conduzidos ao pico da serra, divisa com outro distrito, a comitiva desata-lhes os pulsos e ordena:

– Sumam-se daqui para sempre! Se voltarem, já sabem o que os esperam!

Espaventadas as montarias dos proscritos, o povo retorna à rotina, o disse-me-disse se esgota, a cidade volta à calma.

Tempos depois, alguém aparece em Pedra Escondida. Relata que o sacristão escorraçado passara por sua cidade durante a retirada, em lamentável estado emocional. Dele, reproduz o que ouvira:

– "No alto da serra, o padre apeou do cavalo e, ajoelhado, mandou-me fizesse o mesmo. Eu temia um desatino qualquer pela sua fisionomia terrivelmente transtornada. Colérico, fora de si, contemplava a cidade lá em baixo. Sob fúria incontrolável, ergueu as mãos ao céu e bradou: Oh, Ser Onipotente, quero que sofra o povo ingrato de Pedra

Escondida, que me humilhou. Rogo-lhes três pragas: seja uma rua banhada de sangue, a igreja destruída pelo fogo e a cidade transformada em pântano."

Conclui o sacristão:

– "Em seguida, o reverendo se pôs de pé e ordenou que seguíssemos caminhos opostos, não mais precisava de mim. Abandonou-me com desprezo o ingrato! Teve coragem de fazer isso comigo, cumpridor fiel de seus desejos! Agora, tenho que reconstruir a vida!"

Em Pedra Escondida estabelece-se o alvoroço, a inquietação. Por semanas, só se fala do assunto.

O tempo passa, a ameaça é esquecida.

Sete anos decorridos, a rua principal é tomada de sangue. Escoa de uma casa onde moravam onze pessoas tidas como de má fama, de maus antecedentes. A chacina acontecera durante a madrugada e as vítimas fuziladas enquanto dormiam. A vizinhança, assustada com os disparos, somente deixa as casas ao amanhecer. A notícia se propaga e atribui-se o banho de sangue à primeira das três maldições do vigário.

Menos de dois anos, outro acontecimento trágico: a igreja amanhece em chamas. Novamente, o temor domina o povo, que não mais duvida das pragas do reverendo. Temerosos, alguns se mudam para outras cidades. O novo sacerdote tenta acalmar-lhes, conclama à penitência, à fé, mas os pessimistas afirmam que a terceira tragédia está por vir.

Aos poucos, desaparece a apreensão.

Mais tarde, porém, nova desgraça.

Brotam sob diversas casas fluxos intensos de água a encharcar as ruas. Para o povo, consuma-se o último dos flagelos lançados.

Dobram os sinos a convocar os fiéis à procissão. O pároco agita o aspersório e se dá a benzer as moradias onde ocorre o estranho fenômeno. Concluído o cortejo, pede que regressem às casas e mantenham a fé na Providência Divina, pois nada mais de ruim irá acontecer. Diante da sucessão dos fatos lamentáveis, até ele não mais duvida das maldições do antecessor.

Em poucos dias, as nascentes secam, a cidade retorna à paz.

A incrível coincidência entre as três pragas conjuradas e os estranhos fatos ocorridos em Pedra Escondida até hoje é comentada pelos mais velhos, que legam aos descendentes uma história real e ainda inexplicada.

Do vigário, nunca mais se teve notícia.

Links de fotos utilizadas no livro

www.rcespiritismo.com.br
www.arcadelamor.org
www.memoriasaocurry.tripod.com
www.brinkster.com
www.blog.cancaonova.com
www.images.google.com.br/imgres
www.circulopagao.queroumforum.com
www.dezenovevinte.net/obras/vm_missa.htm
www.dominiosfantasticos.xpg.com.br

Este livro foi impresso na
LIS GRÁFICA E EDITORA LTDA.
Rua Felício Antônio Alves, 370 – Bonsucesso
CEP 07175-450 – Guarulhos – SP – Fax: (11) 3382-0778
Fone: (11) 3382-0777 – e-mail: lisgrafica@lisgrafica.com.br